菊地成孔の映画関税撤廃

数少ない親友だった蓮実重臣に。君の葬儀が、大型クルーザーを使った、沢山の人々を乗せた、小さな航海でなかったら、私は映画を語るアティテュードも、音楽を作るアティテュードさえ半減していたに違いない。

まえがき／欺かれぬ者は彷徨う

本書は、映画批評書として著者の3作目になる。前作である拙著『菊地成孔の欧米休憩タイム』（2017年）と同様、「リアルサウンド映画部」の連載に大幅な加筆修正を加えたものを中心に、「CINRA.NET」に連載された北欧映画に関する連載や、映画の宣伝に使われる「著名人によるコメント」に対するコメント、劇場用パンフレットへの寄稿を基にした論考、いくつかの対談、本書用の書き下ろし原稿を積載し、1冊にまとめたものだ。

著者は、あらゆる散文が凄まじい勢いで幼稚化の一途を辿るSNS時代にあって、「文章が読み辛い」「文意が不明瞭である」「褒めているのか貶しているのかはっきりしない」等々、血の気が引く程滑稽で不当な批判を受け続けているが、当然の事として、著者本人にとって、これほど読み易く、厳格な資料性に基づき、問題意識が明確な、つまりは最も誠実な映画批評は滅多に無いと信ずるものであるが、これは「鬼才」であり続けたテリー・ギリアムが、とうとう「鬼才」から降りてしまった、喜びとしてもかなり鈍い姿の記念としての最新作『テリー・

ギリアムのドン・キホーテ』（２０１８年）のように、筆者がドン・キホーテなのであろう。ギリアムが鬼才でなくなった理由は、既に彼の体質となっている、完成までの何十年にもわたる艱難辛苦とは関係なく、本当に作りたかった物をとうとう作ってしまったからに他ならない。

少なくとも前作である拙著『欧米休憩タイム』に収録された、アルフレッド・ヒッチコックの映画音楽に関する論考と、前々作である拙著『ユングのサウンドトラック 菊地成孔の映画と映画音楽の本』（２０１０年）の大分を占める、ジャン・リュック＝ゴダールの映画音楽に関する論考を併読頂ければ、視聴覚の結合という、限定的な総合芸術である映画（視聴覚に嗅覚と味覚と触覚を加えた、真の総合芸術とは、性行為もしくは料理である）が、ミシェル・シオンに倣って言えば、視覚と聴覚という、そもそも基本的な齟齬がありながら、予め、つまり、我々が出会った時には幸福に結ばれているようにしか見えない夫婦が、離婚せずに何とか持ちこたえて、観客に夫婦愛の素晴らしさを訴え続けているものの、すべての夫婦がそうであるように、そもその他人が永遠の契りを結んだらどうなるか？という、問うてはいけないエッセンシャルな問いに、ほんの少しだけ問いかけている事が、映画と映画音楽の関係を巡って瞭然とする事であろう。

著者は、「恋愛結婚」という、20世紀いっぱいで誰もが完全に麻痺してしまっている近代の単語が、根本的な矛盾を抱えた単語であることを露呈し始めた時代に、恋愛結婚というシステムを超克するには、事実婚のパートナーシップだとか、同性婚だとかいった、脱輪的な未来主義よりも（一夫多妻やヒッピーコミューンに代表されるある種の乱婚は、一部の国では現役的に採用されているので、近代の超克策としては、ここでは除外する）、前近代の様式である「見合い結婚」と「政略結婚」の復権以外に無いと考え、山里亮太と蒼井優の結婚は、見合いと政略という前近代の結婚様式の結合的復権の狼煙だと捉えているし、惜しむらくはゴダールの無邪気な振る舞いによって、実質的に準・パルムドールに降格させられてしまった佳作、『万引き家族』（２０１８年）は、「家族とは何か？」という、それ自体は高い価値を有する問題意識が、映画という構造体に対しては、直接的な問いではあり得ず、再度、ミシェル・シオンの言葉に倣うならば、「映画における音」という視点だけが、結婚というシステムに対する直接的な問いであると信じ続けている。

とまれ本書は、ここまでの、威勢の良い啖呵をあざ笑うかのように、「誰にでも読み易い」事を、自主的に心がけた著者最初の本である。視覚と聴覚と云う夫婦が衆目の前ですら、目が利くものには垣間見せてしまう軋轢については、ここでは敢えて、多くは語ってはいない。著者は3冊目の拙著がセリーを形成している間にも、劇場用映画の音楽を4作、劇場用アニメーション映画の音楽を1作、テレビドラマの音楽を3作、テレビバラエティの音楽を3作、テレビアニメーションの音楽を2作手掛け、あろうことか、カメオとは言え、2作の映画に演技者として出演している。言わばバックヤードを知る者であり、もしその事実によって、映画に対して、些かの落胆や幻滅を感じたら、口を慎むべきだ。著者は手品師を背後から見るように、あらゆるバックヤードに立ちながら、幼少期から変わらず映画を熱烈に愛し続けている。ただしこの愛は「恋愛結婚」における「恋愛」とは程遠いものだ。アン・リーの言葉に倣えば、あらゆる愛は、愛である限り演技である。ジャック・ラカンの言葉に倣えば、欺かれぬ者は彷徨う。

令和元年12月9日午前4時零分、脳動脈瘤の発見によって、医師から止められている喫煙習慣を8年ぶりに再会した深夜に。前著から変わらず私は、幸福な観客では無い。警報器付きのマンションのベランダでKENTの1ミリグラムに火をつけながら私はやっと思い出した。最高の吸い殻とは、天使が上空の彼方から、目をしかめながら地上に投げ棄てる物だと云う事を。

菊地成孔

Contents

Movie Review+ 2017-2019

菊地成孔の映画関税撤廃

第五章

第一章

映画関税撤廃

『スリー・ビルボード』
脱ハリウッドとしての劇作。という系譜の最新作
「関係国の人間が描く合衆国」というスタイルは定着するか？

「菊地成孔の欧米休憩タイム～アルファヴェットを使わない国々の映画批評～」に次ぐ菊地成孔の映画批評連載「菊地成孔の映画関税撤廃」は、タイトルにある通りこれまでと一転、あらゆる言語を使ったあらゆる国家の、ハリウッド級からギリ自主映画まで、それが映画であればシネコンから百人未満の上映会まで、百鬼夜行の獣道を徒手空拳、「結局、普通の映画評フォームなんじゃないの？」という当然の声も耳に指を突っ込んで突き進む驚異の新連載！

「合衆国の関係国」なんて言ったら、世界中の全部の国じゃね？

とネットの口調（※追記1）で言われそうだ。ここでは、ここ数年の映画界の流れとして、第一関係国としての英国、第二関係国としての中南米諸国を仮設する。「英国人が描くアメリカ南部」という意味に於いて、本作は、かの名作『ベイビー・ドライバー』（2017年）と全く同じである。「アメリカ南部を舞台にした、イギリス人が主人公の映画」（『ロスト・イン・トラ

ンスレーション』〈2003年〉みたいなの）ではない、監督を始めとした主要スタッフさえ知らなければ単に純アメリカ映画に見えるような奴だ。〈トラン・アン・ユンが監督した『ノルウェイの森』（2010年）と同じタイプ〉と言えば少しは分かりやすいかもしれない。

この流れは、慎重に〈現在のところ〉とするが（※追記2）、かなりの打率の高さを示している。そもそも、メキシコ移民であるアレハンドロ・ゴンサレス・イニャリトゥ監督の『バードマン』（2014年）のハイプライズは言うまでもなく、新宿バルト9で異例のロングラン公開を達成した、前述の『ベイビー・ドライバー』はイギリス人エドガー・ライトが監督／脚本／製作総指揮を務めた、デトロイトが舞台の犯罪アクション・ミュージカルである（劇伴音楽は存在せず、主人公がiPodで聴いている音楽だけが流れる。手前味噌になるが、この音楽設定は、筆者が音楽監督を手掛けた『機動戦士ガンダム サンダーボルト』（2015年–2017年）と同様である。違いは、既成曲か、〈既成曲設定のオリジナル〉かだけだ）。

『ジャッキー』を再び讃えよ

たった二作かよと仰るなかれ、米国アカデミー賞の複数ノミニーながら、受賞は果たせなかった『ジャッキー／ファーストレディ 最後の使命』（2016年）は、ケネディ暗殺から追悼パレードまで、ファーストレディであるジャクリーン・ケネディがどう振る舞ったか？という、ゴリゴリのホワイトハウス・バックヤード物を、中南米文学的な幻想的リアリズムのタッチで描いた、かなりの傑作で（特に音楽は飛び抜けて素晴らしい）、監督と編集はチリ移民、音楽はロンドン在住の英国人、撮影監督と衣裳デザインはフランス人、ジャクリーン役の主演女優はイスラエル系、と、関係多国籍軍による「ザッツ・アメリカ」映画である。

筆者の私見では、様々な卓外事情（としか考えられない）により、本作は異常なまでに低い評価を下されたままである。受賞だけが映画の誉れではないが、この場を借りて適正な再評価を願う。

そして本作『スリー・ビルボード』である

『ベイビー・ドライバー』のエドガー・ライト同様、監督／脚本／製作を務めたマーティン・マクドナーは名前こそマクドナルドみたいでアメリカンだが、ロンドン生まれの英国人である、そして前記三つの仕事の中で最も高いクリエイティヴィティを発揮しているのは脚本に他ならない（最初に断っておくが、本稿は本作のストーリーに関して、最後まで口を滑らせることができない、こうした物語中心主義の作品は、あらすじの紹介だけでもネタバレのリスクを伴うからである）。

彼はそもそも気鋭の劇作家としてキャリアをスタートさせ、ローレンス・オリヴィエ賞の最優秀新作コメディ賞と最優秀新作戯曲賞を受賞している、要するにシェイクスピアのお膝元で才能を認められた劇作家である。英国人はここで、そのキャリアを全く隠そうとしない。本作は、戯曲として舞台劇で上演されても全く問題のないクオリティと威厳を持っている。

その水準は『バードマン』のそれに匹敵する。周到で陽気で、いささか狂っている『バードマン』は、ブロードウェイの演劇シーンを舞台にしている、という意味に於いて、潰乱的な入れ子構造になっているが、メキシコ人ほどの傾奇者ではなく、質実剛健な英国人の劇作家は、「もしシェイクスピアが東洋を舞台にした悲劇でも書いていたら、それは『蝶々夫人』だの『トゥーランドット』だのいった、グロテスクなエキゾチックになるか？　ならないか？」というエッセンシャルな問いにまで到達している。

両作とも、タイトルはシンプリファイされて呼ばれ続けるだろうが、『バードマン』は厳密には『バードマン あるいは（無知がもたらす予期せぬ奇跡）』であり、正式邦題『スリー・ビルボード』は、原題『THREE BILLBOARDS OUTSIDE EBBING,MISSOURI』、若干の意訳を施すならば「ミズーリ州の外れ、エビングの街に立てられた3つの看板」である。どちらも劇作志向を示しているのは明確である。

補助線をもう一本

『マンチェスター・バイ・ザ・シー』（2016年）は、米国アカデミー賞ノミニー作品／監督／脚本／主演男優／助演男優／助演女優で、下馬評では作品賞の最有力とまで言われたが、受賞は主演男優／脚本に留まった。

こちらは純アメリカ産だ、しかし「ありきたりなアメリカ白人の、地方都市での負け組人間ドラマ（すんげえシリアス）」という物語志向、かの『パリ、テキサス』（1984年）と同じ地名のミスリード（音楽とフットボールの都として有名な英国のマンチェスターと同名の街がアメリカにある）が、本作の「ヒットチャート規定産業で有名な〈Billboard〉はそもそも〈屋外広告板〉という意味（のちに、テレビやラジオ番組の開始、終了時、つまり、スポンサーの名前が出たり、番組の見どころを紹介したりする時間を「ビルボードタイム」と呼ぶようになり、世界的に有名なヒットチャート集計の音楽誌の名に転じる）」という、違った角度のミスリードと響き合っていること、主人公のトラウマ／動機となる、我が子の恐ろしい死が、どちらも「焼死」であること等々、同系列と呼んでも差し支えない主要フラグメントの共有がある。

最大の違いは、こちらが純米国産、つまり、良い意味でも悪い意味でも当事者が描いている事であって、端的に、アメリカ的としか言いようがない鬱性が、作品全体に高い制御力を張り巡らせているこの作品の知性を突き破って、ダダ漏れてしまっている、つまり暗すぎるのである。

この傾向は『フォックスキャッチャー』（2014年）等々、「アメリカ文学映画」の醍醐味として体質化してしまっている。『スリー・ビルボード』を頂点とする、前述の関係国作家の作品群には、この「鬱病患者という当事者性」が低く、というか欠損していて、アメリカがとっくに失ってしまった、逞しいユーモアに溢れている。そしてそれは、現在のところ、「アメリカ人よりもアメリカを生き生きと正しく描いている」ようにしか見えない。

「アメリカ文学（しかも「田舎町のいなたい奴」）を英国や中南米の劇作家が書く」という、地味なようでかなりの実験性を持ったトライは今後定着するだろうか？　再び慎重を期して、「今のところ」とするが、かなり順調である。このまま行けば、「フランス文学を中国の劇作家が書く」「日本文学をアルゼンチンの劇作家が書く」といった新時代の扉が開くだろう（一応念のため、これ映画の脚本の話ですよ）。

コンゴのキンシャサを舞台にした『私は、幸福（フェリシテ）』（2017年）のように、「アフリカ文学を、フランス人の劇作家が書く」成功例もあるのだ（まあこれは、アクロバティックではなく、植民地関係というリアルな関係性に立脚するものの、監督のアラン・ゴミスと対談したら、セネガルルーツの、ルックスだけは完全なアフリカ人だが、シネマテーク・フランセーズで小津やブレッソンに衝撃を受けた、コンゴに行ったこともアフリカ音楽に触れたことも初めてだという、中身完全なフランス人で、誤解を承知で言えば、その点もとても面白かった）。

アンチ・ハリウッドとアンチ「ミー・トゥー」騒ぎ

筆者は個人的に、75年もの歴史がありながらオールタイムベストの15位を『サウンド・オブ・ミュージック』（1965年）、14位を『ラ・ラ・ランド』（2016年）とする（因みに12位に『タイタニック』〈1997年〉、トップ3は3位から『チャイナタウン』〈1974年〉、2位『アラビアのロレンス』〈1962年〉、1位『ゴッドファーザー』〈1972年〉）ゴールデングローブ賞の審査団体HFPA（カタカナで言うと「ハリウッド・フォレイン・プレス・アソシエーション＝ハリウッド外国人記者協会）を全く信用しないが、米国アカデミー賞の前哨戦と言われるここが、本作に作品／脚本／主演女優／助演男優を与えたことを高く評価する。

天地神明に賭けて、セクシャルマイノリティの人々に差別心も逆差別心もないと明言した上で書くが、ボーイッシュだとかマニッシュとか、（女性の）兄貴とか言うレヴェルをギリで超えた、どう見てもLかBでしょ。としか思えない、痛快で侠気あふれる主演女優フランシス・マクドーマンド（またもマクドナルド似。マクドナルドのネイティヴ発音をカタカナに押し込めれば「マクダーナル〈ド〉〉」は、主演女優賞の受賞スピーチで、「まず最初に」、「他の候補者全員にテキーラを奢るわ」と言ってから、映画の配給形態、つまり、不法なアップ&ダウンロードにより、映画館に足を運ぶ人口が減ってゆくという業界の危機についてスピーチし、完全に滑ってしまった。

授賞式の会場が沸騰したかのような熱いアプローズを背に登壇したのに、彼女は何故スピーチで滑ったか?「女性なのにミー・トゥーの問題に一切触れなかった」からだ。

今回のゴールデングローブ賞は、ヒステリックなまでの「ミー・トゥー問題から女性の権利問題へ。要するに古典的が故に最強化したフェミニズム」のムード一色の女祭りで、登壇した女性は、司会者と言わず受賞者と言わず、全員がこの問題について目に涙をにじませながら熱弁し、会場は女優同士のハグの嵐、世界で最もゴージャスで感動的な女子会、みたいな状態になってしまっていた。

筆者は、劇中、作業着にバンダナという「女ランボー」の格好で、一度も衣裳を変えないまま一世一代の名演技を見せ、最優秀主演女優として認められた彼女の、「そんな女子会、眼中にねえ」感、それによって、滑ってしまったという事実に、自室のソファから立ち上がってアプローズを送った。

ミー・トゥーも女性の権利も、それを発言する勇気を持つ事がシリアスで重要な問題でないわけがない。しかし、肌も露わな衣装を着て、扇情的なメイクを施して、「みんなで立ち上がろう」と手を繋ぐセレブリティを尻目に、マクドーマンド演じるミルドレッドは、娘をレイプされた上に、焼き殺されたのである。「そんな格好で夜道を歩いてたらレイプされるわよ」「じゃあされてくるよ」という娘との口喧嘩が、現実になった形で。

何故、犯人は死体を焼いたのか？

証拠隠滅ではない、レイプして、殺害して、焼き払って、初めて欲望が達成されるのである。イラク帰還兵のほとんどが、イラクの民間人を銃殺したのちに積み上げて火炎放射器で焼く。勿論火葬ではない。ゾロアスター教の信者（※追記3）と云うわけでもない。

忌まわしき事に、それはフェティシズムなのである。遺体を焼いている間に犯人は射精しているのである。劇中このことは、ショッキングな事実として描かれない。耳を覆いたくなるものの、しかし当然の事でしょそんなもん。といったトーンで描かれる。ミスリードとして、同じマナーでレイプを続ける別のイラク帰還兵が登場する（驚くべきことに、一人二役！）。このリアリズムとブラックユーモア、そして、技巧的で緻密な脚本。ストーリーは要約すら口を滑らすことはできない。

娘が焼き殺された事件の捜査が遅々として進まないことに苛立った主人公、ミルドレッドは、国道沿いのボロボロの立て看板に気づく、そして年間の広告料を調べ、権利を買い取り、警察の怠惰を告発する３枚の広告看板を設置する。これが本作のスタートの状態である。

以下、ローレンス・オリヴィエ賞の最優秀新作コメディ賞＆最優秀新作戯曲賞受賞の技巧は、「こうすれば誰もを感動させられる脚本術」的な駄本が売れまくるような世界に、優雅なまでに挑発的な一撃を与える。

素材／題材として扱われるものは、何一つアンリアルなものがない。まるで実話の映画化であるかのようなリアリズムで物語はスタートする。娘をレイプされ、焼き殺された母親、その事にナイーブになっている息子、地方の町の、誠実でありながらマッチョな警察署長、彼の若くて美しい、頭の足りない妻、彼を父と仰ぐ、露骨なレイシストで暴力癖が治せない若い警官、無力な賢者であるベテランの警官、ちょっとＧっぽい、気の良い看板屋の青年、隣町に戻ってきて、実際にレイプと焼き殺しの犯行を繰り返し、主人公の元に挑発にやってくるイラク帰還兵（しつこいようだが、実際の犯人と一人二役）、南部の人々。奇矯なキャラクターは１人もいない、誰もが「ああ、この程度の話だろうな。こんな感じの展開だろ」と見切ってしまう。これが罠である。

物語は、一切の無理も、一切の謎もなく、完璧な舞台劇のようにして、誰もの予想を大きく超える、驚くべき流れを見せ、「おおおおおおおお。そこに落ちるか」という、その切断的で脱力的な幕切れはタランティーノがデビューしたときを想起させる。登場人物の人格造形、各々の行動動機、その交錯、ミスリードを巧みに織り交ぜてガッガッと進んで行く物語、目を見張り、鳥肌が立つ着地点。

現在、「新しい映画」への模索は、VFXでもオタク的な感受性でも、あらゆるマイノリティーによる、告発的で愚直なシュプレヒコールでもない、劇作家の技巧が導入され、新しい物語が構築的に編まれること。総合格闘技でのボクシングテクニックの復権のようなものだ。

映画史に於いて、脚本の更新は、映像の更新と歩みを共にしてきた。

タランティーノはオタク売りと劇作家志向のバイカラーでデビューし、両方の力で時代を変えたが、後者（劇作家志向）に注目が集まったのはかなり遅かった。それも一つの結果だ。エンタメのみならず、あらゆる映画が、映像と題材と音響の更新に腐心し、脚本は「誰もを感動させられる脚本術」によって雁字搦めになっている状況の中、『スリー・ビルボード』は、ドキュメンタリー映画のカメラ水準とも言うべきシンプルな映像に乗せ、ただただ物語の更新のみによって（もちろんそこには、俳優たちの素晴らしい演技が伴われている）打破し、結果を出した。オーソン・ウェルズが劇団「マーキュリー劇場」を率いる演出家即ち演劇サイドの人物だったことを、特筆的に持ち出す必要はないだろう。ゴダールが改革を起こした時、脚本は破棄された。破棄もまた、脚本を更新する行為に他ならない。

どんな繁栄も必ず硬直する。そして必ず打破と解放によって豊穣がもたらされる。歴史はリズミックにダイナミックである。常に注目すべきは、インターナショナリズムを標榜する総合芸術である映画に於いて、何人による何語の、何の技術が現在この競技に於いて最も有効か？という事であり、本作はその未来、その一端を見事に示している。過去、ペドロ・アルモドヴアルが示し、２０１７年のアカデミー外国語映画賞ノミニーの『ありがとう、トニ・エルドマン』（２０１６年）等がトライしている流れは、本作と歩みを共にしている。

最後に、本作では音楽も脚本と歩みを共にする

筆者は音楽家であり、映画音楽も手掛ける手前、硬直した映画の状況を音楽が変えられると信じて行動しているが、それは、ドルビー社のサラウンド技術のような音響体験的なものではなく、コンセプト、つまり脚本により近い位置での更新である事を指している。本作の音楽は『キャロル』（２０１５年）に於いて、ＤＪ映画／選曲映画全盛の現在、オリジナルサウンドトラ

ックの更新を見せて米国アカデミー賞最優秀音楽賞のノミニーになった、鬼才カーター・バーウェル（因みに、前述『ジャッキー』の音楽を担当したミカ・レヴィも、同じ志と才能を有している）。本作では「実際のゴスペルではなく、ゴスペル風の楽曲をジャズの編成で演奏し、クラシックのソプラノが歌う」という、換骨奪胎的な素晴らしい新・米国音楽を提供し（※追記4）、本作の高いアティチュードにきっちり合流している。映画音楽は、映像とも脚本とも融和できる博愛の乱交者だ、しかしここでは脚本とシェイクハンドしている。

（2018年2月）

追記1　庶民の日常会話に定着した。流行語的なので、やがて使用されなくなるだろう。
追記2　その後の打率はご存知の通り。
追記3　炎を神聖視する事、父権による家長制度の強さで有名な宗教。「スター・ウォーズ」シリーズの精神的バックボーンかも？と見立てる有識者も。しかし驚くべき事に、火葬ではなく鳥葬。
追記4　こうした、ゴスペル、白人の教会音楽、欧州由来のオペラ、ジャズ、アフリカ音楽、等の再編成化、再結晶化を大胆に行う、「新・米国音楽」とも呼ぶべきジャンルは、新種として、数こそ少ないが発表されている。そのほとんどが、米国史を学び、米国文学史を学ぶ、かなりアカデミックな音楽家によるものだが、カーター・バーウェルがそこに目をつけ、O.S.T音楽として作曲したことは、飛び抜けた現代性を示している。

『シェイプ・オブ・ウォーター』
ヴァルネラビリティを反転し、萌えを普遍的な愛に昇華した、
見事なまでの「オタクのレコンキスタ」は、本当にそれでいいのか？

オタクに市民権を！（いつの叫びだ）

特に監督と音楽が際立って素晴らしい本作は、ゴールデングローブ（以下ＧＧＡ）と米国アカデミー（以下ＡＡ）の双方に於いて、図式的なまでにしっかり監督賞と作曲賞を受賞しているが（両賞が映画における最高権威とは全く思わないが、北米における映画産業内政治、並びに、それでも動かすことができない、政治力を超えた力のあり方を明確に示す、という点に於いて、合衆国観察の重要な2トップであることは間違いない）、アレクサンドル・デスプラ（当時56歳）が、現代の超ミッシェル・ルグラン（当時86歳／2019年に同齢で没）の位置まであと数ミリであることに関しては当連載の慣習的に本稿の最後に指摘するとしても、ＧＧＡでは監督賞と作曲賞の2賞、ＡＡではプラス作品賞と美術賞がプラスされた。

一般的に本作は表題にあるように、レコンキスタドールの行為（再征服者／国土奪還者＝負け組

の勝利）であり、コンキスタドール（征服者＝勝ち組）のそれではないとされる。「初めて怪獣映画にアカデミー作品賞が」と感涙にむせぶ、純朴で牧歌的な批評家やファンも、「怪獣映画がアカデミー作品賞を取るとしたら、この作品以外、しばらくチャンスねえもんな」と、タカをくくるネット水準の賢者たちも、結論は同じだろう。

しかし、「マイノリティ」の意味を多層的に備え、しかも戦略的に操作している（してしまっている）本作を、筆者はシンプルなレコンキスタドールの英雄とは、にわかには思わない。もっとずっと周到、かつ、敢えて極言するならば若干の悪質ささえも感じる。見事に戦闘的で、僅差で天然のラブよりも天然のタクティクスが成功しているようにしか思えない。

そもそも〈オタクに市民権を！〉なんて、一体、いつの時代の叫びだろうか？　今や消費メジャーであり、スマホ肥満（肉体だけのことではない）でベッドから降りられないほどになっている者から見たら、模範的な行動家であり、敬虔な殉教者でさえある彼らは、単純に、「とっくに勝ち組」ではないか？　筆者はむしろ、「なんのオタクでもない奴」「全体的に薄い奴」が、くだらない、つまらない人物として被差別者になる時代が、もうそこまで来ていると判断する側だ。

つまり、現代社会に於いて「オタク」はとっくの70年代末からレコンキスタドールとして活動し、「キモがられていた過去」を正々堂々と転覆した、現マジョリティなのだ。後述するが、スピルバーグ／ルーカスも含め、何度映画界が、オタクによってレコンキスタされたか、今回が何度目なのかわからないほどなのである。

公民権奪取から半世紀が経っても、訳もなく警官に射殺され続ける黒人やヒスパニックとは全く違う。世界各国で少しづつ同性婚が認められ始めるも、先駆者たちが次々と離婚することで、上げ下ろし効果による、薄い幻滅感の視線にさらされているＬＧＢＴとも「オタク」は、全く違うのである。

アフロアメリカンでありながらゲイである、という揺るぎない二つの被差別ポイントに絞り込み、前回のＡＡ作品賞を獲得した『ムーンライト』（２０１６年）は、「それが圧倒的なリアリズムを見せたシリアスで意識の高い人間ドラマ（美術のアート感が秀逸）だから」と受賞理由を説明されるだろう。この説明に筆者は、いささかの違和感もない。

しかし「とうとう怪獣なんかを好きなオタクも50代になり、愛と正義の物語によって、市民権を得たのである快挙そして男泣き」という、あまりに物分かりの良い逆転勝利のストーリーに、筆者は全く乗り切れないままであり、その点が、普通に振る舞っていさえすれば（ここでの「振る舞い」とは、作品そのものが持つ動き方のことで、後述する受賞スピーチのことのみではない）遥かに素直に感動したであろう本作に、一点の染みを与えているのは否めない。

受賞スピーチは分析に値するか？

ギレルモ・デル・トロ（以下デルトロ）監督（当時53歳）は、GGAの監督賞授賞スピーチで
「僕は子供の頃から怪獣しか友達がいなかった。醜い彼らだけが僕を救ってくれた」
と、戯画的なまでに旧世代オタクのセンチメンタリズムを口にした。
そして、AAの監督賞授賞スピーチでは
「私は多くの皆さんと同じ、メキシコ移民です」
「映画は国境を消してくれる。世界が国境の溝を深める中、この業界だけが消してくれる」
と、これまた戯画的なまでに優等生的なトランプ批判、どこを指すのか具体的にはわからないが故に効果的な国境紛争全般の批判をした。

そして作品賞受賞スピーチでは
「少年の頃、私の心を捉えたものは〈外国映画〉でした」
という、敢えてのアメリカ映画愛（ご存知の通り、メキシコはプロレス映画以外にも、実に映画産業が盛んである）を、「e.g.（例えば）」と前置きしながらも、ウィリアム・ワイラー、ダグラス・サーク、フランク・キャプラという3名の名前を出して讃え、「え？　怪獣しか友達いなかっ

たんじゃないの？　フランク・キャプラには大アマゾンの半魚人も、巨大ロボットも出てこないぞ」と、こちらが訝るよりも早く
「こないだスピルバーグに言われた。授賞したら歴代の監督たちによって造られた〈大いなる遺産〉の一部として仲間入りすることになる。それを忘れず、誇りに思って欲しいと。そのことをとても誇りに思う」
と言い
「えー?!〈いきなりスピルバーグ〉の意味は？　現行ハリウッド&ユダヤ系の権威の象徴？　それとも、〈UCLAかなんかの映画学科、オタク学生上りで、ルーカスと一緒に、ジョーズやスター・ウォーズによって、シリアスなニューシネマ一辺倒だったアメリカ映画にオタクの底力を見せて、見世物小屋時代の映画を復権させた偉大なレコンキスタドール〉のパイセン？」
とこちらが何度目かに訝る隙を見て
「この賞を、若き映画製作者たちに捧げます。世界中で新しい才能が開花しつつある。彼らにも仲間入りしてほしい」
と、最近AAが推しまくっている、学生への奨学システムや教育システムへの〈正式コメント〉としか言いようがない、優等生的な発言で締め、もうなんか力技のようにして持って行ってしまうのであった。

どうすかこれ、どれが本音？　え？　まさか。

デルトロが策士だとは決して言わないよ。タラに対する複雑な思いがありそうだ、とは思うけど

そう。正解は〈なんとぜんぶ本音〉なのである。

BtoZ級特撮映画も好きだし、ウエルメイドの代名詞であるワイラー、サーク、キャプラの映画を「外国映画」として観て、そのエレガンスに陶酔したメキシコ移民であることも、すべて無理なく本当なんだろう（本作は、後述するデスプラのオリジナルスコアだけでなく、60年代のジャズやメキシコ系ラテンポップスの選曲が群抜きで素晴らしい。本作の実質的な主題歌である、ジャズスタンダード「どれだけ私が寂しいか知らないでしょう」を歌うカーメン・マクレエの両親はジャメイカ移民である）。

別に珍らしいことではない。筆者やタランティーノも含めた、デルトロ世代（現在50代半ば）の属性とも言える、あれもこれもと混乱ギリギリなまでの雑食性は、逆に「怪獣映画以外一切なんも見なかったし、これからも見ない。怪獣映画だけが最高」「移民としてミッドセンチュリーアメリカのエレガンスに心酔した。それ以外の美学は一切ない。怪獣映画？　なんだそれ？子供の観るもんだろ」という、フォーカスが強いシンプルなパーソナリティ（むしろ現在のオタクに近い）に、〈微笑ましくも愚か〉な〈偏食感や硬直感〉を啓蒙しかねないほど「世代的に当たり前の雑食性」であり、子供が抜けないまま50代に成ったほぼ最初の世代、というシチュエーションにより生じる一種の分裂である。観客はデルトロ（世代）の病理に振り回され、大いなるスリルとネクスト感を得てワクワクしたり、あるいは逆に、事が非常にストレートだと思い込んで、大いに安心したり、結果として、通奏的な雑味を感じるのだ。言うまでもなく、筆者も同じ世代だからであろう。

「漫画やSFが好きな、中二病患者の夢がハリウッド＝世界を変える（おとぎ話を作り尽くしたら、発達的に社会派に成る場合も）」というシンプルさならば、スピルバーグ／ルーカスの方がやや純度が高く、複雑さに欠ける。デルトロの近親憎悪的なポジションにいるのがタランティーノである事は間違いない。両者はコンテンツが違うだけで、実質はほぼ同じである（ほぼ同世代）。

それが何より証拠には本作「唯一の悪」は、〈冷戦時代の男根的なアメリカン／ソヴェータン・マッチョ〉であって、デルトロがいかな「大人になっても怪獣なんか追いかけているガキ」（↑こんな古臭い人間把握がまかり通る場所が今地球上のどこにあるのか？　そこはおそらく、まだアメリカン・マッチョが堂々と横行する地域だけだろう）であろうとも、監督賞受賞は伊達ではなく、マッチョというものを過不足なく精緻に描いている。

そして、その（ストリックランド。本作の純悪役であり、マッチョのアイコンである。マイケル・シャノン演）相貌は、〈濃いめに、良い男に整えたタランティーノ（或いはシュワルツェネガー）〉としか言いようがないのである。主人公イライザ（サリー・ホーキンス演）と、年齢や性的嗜好を超えた友情で結ばれている善人ジャイルズ（ゲイのイラストレーター。リチャード・ジェンキンス演）が、臆面もなくデルトロそっくりであることと併せ、ちょっとベタである。ネタバレになるが、ラストはだからつまり、〈デルトロがタランティーノの顔面に角材をメリ込ませ〉る事になる。

「いじめられっ子顔=ヴァルネラビリティ」の逆転

以上が筆者の「とうとう怪獣映画にアカデミー賞が」というシンプルヘッドに乗れない理由であるが、これは作品ではなく、作品の評価に対する批判と分析であって（評価を誘発したのは作品ではあるとしても）、以下、そうした卓外戦術（と、呼んでしまって良いと思う。その証拠にスピーチの大意を書いた）に惑わされずに、本作の革新性や、戦略性に向き合って行くことにする。

デルトロは「自分が住みたい」とまで言い放ったスタジオであるフォックス・サーチライト・ピクチャーズのオフィシャルマガジン（「FOXサーチライト・マガジンVol.11シェイプ・オブ・ウォーター」）の中で、エマ・ワトソン版の『美女と野獣』（２０１７年）を、そこそこ口汚く批判している。「見た目だけじゃなく心の美しさが大切だ、というテーマなのに、何でヒロインは処女の美少女で、ヒーローは野獣でありながらハンサムなんだい？　だから僕は、ヒロインをモデルみたいな美しい女性にしたくなかったし、自慰させた。それがリアルだろ？　半魚人もキスで王子様なんかにしない。主人公の猫を食うけど、モンスターだからいいんだ」と、かなり無邪気に脇の甘い発言をしている。事はデルトロが言うほどシンプルでは無い。オタクは常にシンプルな構図を求める。フィギュアのケースのように。

ワトソン版『美女と野獣』は、一見古い図式を踏んでいるように思えるが、エマ・ワトソンが、比較的深くて多い顔面の皺にCG修正を施さず、途中から「猿の惑星」のように見え始めること、「野獣」の特殊メイクが、中途半端に端正な美男子であること、魔法が解けても、やはり半端に端正な美男子であることに変わらないことから、美醜の液状化が起きる非常に啓示的かつ斬新な『美女と野獣』であり、美醜に関する古い図式性が悪だとするなら、『シェイプ・オブ・ウォーター』の方が遥かに悪だし、デルトロの無邪気すぎる発言（独身の中年女性はオナニーが日課。はリアル）に対しては「じゃあイライザが毎朝遅刻するのは、日課のオナニーのせいということね」というギャグぐらいしか救いがない。

周到に書き込まれたであろう授賞式のスピーチも、放談であろう軽いインタビューの回答も言質となりうる。主人公イライザが自慰をするのは、高い確率で「それが独身中年女性のリアルだから」ではない。デルトロにそんなマーケットリサーチはできない。イライザが自慰をするのは、イライザが、「虐められっ子顔の、童顔のおばさん。しかも捨て子で、声が出ない」、つまり、「気の弱いブサイクで、軽い障害者」だというヴァルネラビリティ（虐められやすさ／虐めの誘発力）の塊、という記号の中に落とし込まれそうになる、個性的な相貌で、それを一気に逆転するのが本作の全体を律する美学だからである。つまりイライザは平均値に置けない。「こんな人がオナニーシーン!!」と云うショックは、「それが中年女性のリアルだろ？」とは両立しない。大体、アメリカの独身中年女性は、出勤前に軽くオナニーするものなのか？　平均的に。

だからこそ、サリー・ホーキンスの本当に素晴らしい演技と、デルトロの本当に素晴らしいキャラクター設定とキャスト選択センスが相まって、本作は、ついこないだまでだったら当たり前に駆動したであろうヴァルネラビリティを蹴散らす。霧散ではなく逆転させるのである。

全てを逆に

イライザはシンプルにいって、かなり積極的で蠱惑的な女性だ。最初こそ、年上の（と言っても、どちらも中年なのだけれども）ゲイの画家の掃除係としてバイトをしながら、政府の極秘研究所に勤務している、地味な女性だと思わせる。

ところがこの人、まるで日本のアニメのように胸がデカいわ、タップダンスが得意で、テレビを見ながら、同居人に見事な足さばきでダンスに誘うは（それは60年代のアメリカでは、かなり積極的にセクシャルな誘惑行為なはずだ）、前述の通り、日課のバスタブオナニーはレイテッドギリギリにハードだし、特に〈怪物＝彼〉と恋に堕ちてからは押しの一手で、餌付けから手話による会話、音楽を聴かせて逢瀬を楽しむ、という辺りから、もう自宅に連れ込んで（まあ、「解剖の危険から、彼を救出する」のが目的なのではあるが）、近所迷惑も何もなく、防水も何もない、古いマンションのバスルームに鍵をかけて浸水、というより、部屋を水槽化し、恥じらいも何もない思いっきりの全身全裸で水に潜り、性行為に及ぶのである（水中の女性に性的興奮を抱くUW〈アンダーウォーター〉フェティッシュの御仁なら、彼女が怪物と抱き合うべく、水中に身を鎮める際、海女のように「すうっ、はあっ」と、大きく息を吸ってから潜るという一瞬の細かい所作に、さぞかし萌えられたろうと思う）。

さらには同僚であり親友であるオクタヴィア・スペンサー（彼女の本作での「らくらく仕事」ぶりにはとても癒される。ものすごい簡単な役を、力まず手を抜かず、ちょうど良い仕事である）に、照れもせず、聞かれるがままにセックスの内容を手話で伝えるのである（ペニスの形状まで！）。

ジャパンクールに造詣が浅すぎる筆者は、このイライザのキャラクター設定に、どれだけ日本のアニメの影響があるのか全くわからないが、デルトロのすることだ、絶無ということはないであろう。ただ、「モデルの顔＝アンリアルな美女」と仮説した場合のサリー・ホーキンスの「あまりにリアルな顔と裸体（ちゃんと崩れている）」は、前述の推測も封印するほどで、その逆転劇は凄まじい。筆者は、本作がもしレコンキスタなのだとしたら、テーマ（ジャンル）と受賞という結果ではなく、主人公イライザのキャラクター設定こそがそれに当たると思うし、後述するが、それはかなり戦略的に思える。

古い専門用語で恐縮だが、ツンもデレもない、まるで人格的なバックボーン（トラウマ）なんか無いかのような、押せ押せの恋と性欲隠しもせず、激情型で一本気な恋愛は、「人魚姫」の逆張りとしての近未来の不可避的な別れも最初からちゃんと想定内であり、その上で、「私がどれだけさびしいか、あなたはわからないでしょう。私がどれだけあなたを愛しているか、あなたはわからないでしょう」という、美しく古い恋歌に合わせて慟哭するのである（相手の眼の前で。普通これ、相手のいない時にする事なのではないだろうか）。

それはまるで、ゲームのキャラクターである。黙ってゲーム機を操作するだけの男に対して、恋愛とセックスだけでなく、クライマックスの逃走劇まで含めて、ガンガン事を進めてくれる。そして、相貌から全裸の体型まで、異様にリアルなのだ。CGゲームに近い感覚とも言える。デルトロとオタク達（メジャーマーケット）のサイコロジーゲームは、デルトロの純真さにしか見えない感じ、によって、ネガティヴ・ジャッジがされない。筆者はここに、作為的なのかどうか測りかねるだけに、やや悪質な戦略的勝利を読み取らざるをえない。

天然の詐術

「ミスリードからの、いきなりの逆転」だけであれば、詐術だの戦術だのまで言わない。しかし、どうしても引っかかる。前述の通り、門切り型なキャラクター設定に従えば、イライザは気が弱いだけでなく、障害（聾唖）による劣等感、すでに行き遅れた年齢による気後れ、などが描かれるはずだ。デルトロは、観客を一旦そこにミスリードする。「被差別感のアベレージを、ちょっと前に戻す」という、このミスリードが無い限り、「逆転」のダイナミズムは生じない。

これこそが、「すでに市民権を得ているオタクという存在を、一度近過去（映画の時代設定の話ではない）に連れ帰り、被差別者に引き戻した上で、敢えて反転させる」という、本作の全体を律するコンセプトであり、筆者が戦略的に感じてしまう雑味なのである。

時代設定が60年代初期であるということに作劇上の必然性は何もない、これは現代の話だって、19世紀の話だって、何なら近未来の話だって十分成り立つ。これは個人的なノスタルジーに淫することへの策であり、ノスタルジア全面解放による、ジャズスタンダード、ラテン・ポップスの輝き方はハンパない。つまり「策謀はありません。本作は天然=愛ですよ」という事が図式的に成立し過ぎて、あたかも詐術であるかのように働く。

「怪獣オタク」という存在が〈まだ輝かしく、被差別的だった、ついこの間〉までに、一度、ちょっと置き直してから、現代的に転倒してみせるという、見事な手品のようなトリック。蠱惑的なイライザは、男根の代理人であるストリックランドをして、パワハラでもセクハラでもない、つまり弱者へのハラスメントではない、ガチ萌えさせた上で（「君のような子の喘ぎ声が聞きたい」と垂涎するストリックランドの誇張のない、きめ細やかな欲情＝フェティッシュとマッチョが交差するリアルさは、マッチョという仇を描くデルトロの怨念にも似た手さばきさを感じざるをえない）、それに全くひるむことなく決然と断り、あまつさえ手話で「F/U/C/K」とゆっくり伝えながら、睨みつけるのである。

怪物＝彼。は、アマゾン川に生息する神

『大アマゾンの半魚人』（１９５４年）の怪物・ギルマンをオリジンにしているであろう、エヴァンゲリヲンのようでも仮面ライダーのようでも、ウルトラマンのようでも、エイリアンのようでもある、つまりはクリーチャー造形としては歴史性を持ちながらも完全に成功している（何せ、ちゃんと王子や神などを思わせる気品がある！）怪物には名前がない。いかなイライザが聾唖者であろうと、仮想の名前ぐらいいつけても良い筈だ。しかし怪物＝彼。は、作中を通じて三人称

以外では呼ばれない。この設定も絶妙である。

何故なら、誤解を恐れずに言えば、〈彼〉には、名前もないだけでなく、感情すらほとんどないのである。筆者は最後までとうとう、本作が「愛の物語」だとは、全く思えなかった。怪物がイライザを愛しているかどうか？　図式的には愛し合っているに決まっている。というだけで、ヴィヴィッドな描写はない。と云うか、デルトロにはそんな事がおそらくできないのだ。しかし、普通の愛の描き方ができないから、異形の愛を描く、そこに何の問題があろうか？

アレクサンドル・デスプラの異様なほどの素晴らしさ

それは、前述の通り、ゲーム内世界にも見えうるし、ペットを一方的に溺愛する女性にも見えかねないし、外人の恋人とだけうまくやれるサイレントビッチの熱愛ぶりにも見えかねない。が、いずれにせよ、男性側の愛の表現は、女性側の爆発的なそれに押され、薄いとか弱いというより、画竜点睛を欠く。

ネタバレになるが「命がけの逃走劇の果て、最後に恋人の命を助け、一緒に水中で暮らせるように魔法をかけて変えてしまう」事によって、「そりゃあ愛しているでしょう」という事になるだけで、イライザ同様、人語を発声できない彼の、劇中のどこかに埋め込まれるべき、恋の発生⇩愛の深化の描写が、とうとう最後まで見当たらない。

かのETは、かの名セリフ「ET、オウチ、カエル」のたった一言で、子供たちとの交情を圧倒的に示したというのに。ETは植物学者だった。そして〈彼〉は、おそらく（南米の河で）神格にある存在である。神格にある者だからこその、世間知らずぶりなのだろうか？　しかしそういう描写もない。

この、「脱臼的な相思相愛」を、過分なまでに観客に伝え、ロマンティークの圧倒的な甘さと苦さで包み切ってしまうのが、アレクサンドル・デスプラの、本当に素晴らしいオリジナルスコアである。オクタヴィア・スペンサーと並ぶ、力の抜けた仕事ぶりだが、だからこその元々の筆力が炸裂した。愛の描写が希薄なら、音楽に任せろ。それが映画の掟でなくて何であろうか。何度もAA作曲賞ノミニーになりながら、欲がなく、ゲスい仕事もしないことによって、受賞は『グランド・ブダペスト・ホテル』（2014年）だけに留まっていた彼に、最高の仕事をさせ、二度目のAA作曲賞受賞を与えた本作の功績は大きい。

現代性と古典性、音色、和声、旋律と、どれを取っても、水準を大きく超えた天才的な豊かさが横溢する魔法のスコアを、フランス人ながらハリウッドに届ける、という意味において、既にデスプラは、現代のミシェル・ルグラン、あるいは超ルグランとして認識して良いと思う。全く誹謗でも皮肉でもなく、本作はデスプラのスコアを堪能できる隙に満ちている。その隙は、前述の、不全が生じさせた隙間でもある。画面の描写に愛が横溢していれば、音楽は単なる伴奏、もしくは必要性すらない。

本作のデスプラのスコアが彼の別作の水準をいきなり超えたのではない（ちょっと超えているが）。デスプラは過去、「愛」が画面に描かれている、いわば普通の作品に美しい音楽を与え、つまり二重描写によって、愛の胸焼けを観客に起こさせてきた。本作は、「愛が描けない」という不全によってデスプラをGGA、AA両受賞に導いた。これは見事なタクティクスなのだろうか？　オタクの天然のなせる技なのだろうか？　何れにせよデスプラは、天才音楽家特有の能天気さで、美しいスコアを歴史に残したに過ぎない。

しつこいようだが

「いつまでも怪獣物なんかが好きじゃダサい（モテない）」なんて、今は誰が誰に対してだって言いはしない。そんな古臭いことを言うやつは、言われた経験があるやつの過去の記憶の中にいて、怨念の対象になったまま幽霊のようにうっすらしている。「冷戦下の米ソの軍人」なんて、その幽霊の姿として一番大味なやつだ。

そして、「オタクのレコンキスタ」と云う詐術からは、誘爆するようにして、「メキシコ移民は北米で迫害されつつある。トランプによって」という問題意識が引き出されるが、それ自体は紛れも無い事実だとして、果たしてデルトロやイニャリトゥにとってリアルだろうか？　おそらくリアルタイムリアルではない。

本作は、現代のミシェル・ルグランによる最高の音楽に彩られた、差別など受けてはいない、むしろ現代のセンスエリート、ライフスタイルエリート、消費メジャーであるオタクの夢を、好きなだけ好きなように炸裂させた、のびのびした作品としか評価のしようがない。

「マイノリティがそれをバネに作品を作る」という事実も一方にはある。そしてそれは、とても魅力的なファンタジーだ、リアルな被差別者以外にとって。デルトロはそのファンタジーに手を出し、まんまと成功したのである。そのことを良しとするか悪しとするかは鑑賞者が決めることだが、少なくとも、それに手を出さない限り、受賞はなかったのではないか。受賞が結果なのか目的なのか？　これは本作に限らない、娯楽に於ける大いなる謎だ。本作はそのゲスいギリギリの謎に殊更強く訴える感動作なのである。

（2018年3月）

追記　本稿は、このようにして「本作はシンプルなようで一筋縄ではいかない、と云う魅力に満ちているが、〈賞取りレースに本腰を入れている〉のか、〈好きなものを一途に作ってきた結果〉なのか、どっちにしたっていまいちスッキリし切れないところがある」というテーマを、非常に回りくどく記述したものだが、それに従えば、例えば以下のような細部にでさえ、「えーどっちなの？　まさかー（笑）」と振り回されることになる。

イライザのアパートメントから、「彼」を海に還すポイントである桟橋を繋ぐ公道（当然、この往復に作品最大のサスペンスが設置される）に「3つの看板」が掲げられており、往路にも復路にも、律儀にちゃんと映る。文字通りの『スリー・ビルボード』である（笑）。いくらなんでもコレ偶然よね。いやでも、さりげない態で、結構はっきり2回映るし（笑）。

『ブラックパンサー』
本作が持つ逸脱的な「異様さ」、その源が、トラウマやタブーでない事を祈りたいのだが

予想される批評

今回に限り、筆者は、連載前提ではなく、プライヴェートで本作を観た。前回の『シェイプ・オブ・ウォーター』の閲覧数が連載の平均値を超えて高く、好意的だったので「だから、矢継ぎ早にコレを」と言われたのだが、『シェイプ〜』は今年を代表するヒット作なのだから、誰が何を書いても閲覧数は高いでしょうよ。と思い、気が乗らなかった（作品がつまらないから。とかではない。作品はご存知の通り、最近のマーベル作品の中でも群を抜いて面白い。単に、プライヴェートなデートで観た映画について原稿を書きたくない。と云うだけである）のだが、ある種の問題作とも言え、予定外に書くことにした。因みに経費としての料金は請求していない。デートで観たんだからね。

＊

〈面白いモン褒めるのにも芸は要る〉なんてダンディな格言が生きていたのは、SNSなんちゅうゲスがなかった頃の伝説みたいなものだろう。ネットをほぼほぼ見ないので、以下、想像になるが、アマチュアさんはともかく、プロの方で、本作の批評を

1）マーヴェルがとうとう、アフロアメリカンを主人公にしたヒーロー映画を作ったのは画期的。

2）暗い思索感が味わい深い、チャドウィック・ボーズマンと敵役のマイケル・B・ジョーダン、脇を固める、今やヴェテランのフォレスト・ウィテカー、脂が乗っている盛りのルピタ・ニョンゴ（SWシリーズから今回は客演的な側面も）、本作デビューのレティーシャ・ライト等の演技もアクションも素晴らしい。

3）「スーパーヒーローでありながら国王」というキャラクター設定がすごい。

4）ガジェット（コスチューム、言語、VFXによる都市デザイン、アクション演出等々）の全てが斬新でかっこいい。

5）音楽が素晴らしい（実際ルドウィグ・ゴランソンのオリジナル・サウンド・トラックは、『シェイプ〜』のデスプラに負けず劣らず素晴らしく、〈ケンドリック・ラマーの主題歌以外は、マーヴェル・シンフォニーだろ〉とタカをくくって行った観客は、ケンドリの方にむしろ多角的な迷いがあって、アフリカンパーカッションや、アフリカンシンフォニー〈という民俗音楽のジャンルがあるのです。一般的な意味でのオーケストラの交響楽のことではありません〉を、ハリウッドの王道OSTのマナーに、かなり攻めの形に移植し、安易な俗流トライヴァル・サントラにしていないOSTの完成度と志の高さに必ずヤラれる筈）。

6）その他（アジア代表として登場する街が韓国のしかも釜山で、北東アジア〜東南アジアでは普通だが、日本にだけ何故か存在しないカジノを「入り口は八百屋とかなんだけど、地下に広大なカジノや麻薬の生成基地がある」と云う、ファースト・アクションの舞台として効果的に使っている。ハリウッドがアジアン・エキゾチックとして選択するのは、古くは香港、東京などを経て、ウォシャウスキーの『クラウド アトラス』〈2012年〉あたりから、すっかり韓国に移動。本作で完了↓英語もハングル風にデザインされてるし、何せ、主要登場人物がはっきりと韓国語を話す。でもそれってMVの世界に10年遅れてるよね。とか、スキンヘッドや肌にボコボコつけるやつ等々の、トライヴァル系フェチについてとか）。

7）アメコミマニアとしての、マーヴェルに於ける本作原作の位置。

以上の7項目のうちからいくつか選んで、味の薄い幕の内弁当にして書いてる人が、おそらくほぼ全員だと思うし、そういう人は、筆者と違って、お金を誰かから貰っているか（一応念のため、本稿の原稿料は頂きますよ勿論）、映画批評ができないか、恐るべき事にはその両方である可能性もある。

売れるに決まってるよこんな面白いモン

本作は、ヒーロー物の高級ブランド、オーヴァーグラウンダーとして、ほぼほぼ弱点がなく、むしろ、〈ファンタジーにアフロアメリカンカルチャー、使い放題（こういうのを「アフロフューチャリスティック」と言います）〉の喜びに満ちて、しかも乗ってる時というのは乗ってるもんで、打った球がみんな場外ホームランに飛んで、そんなもん、面白さについていちいち語ったらキリがない。

「唯二人の白人キャラのうち、CIAエージェントのエヴェレット・ロス（マーティン・フリーマン演）の、良い役になるか悪い役になるかのサスペンス」とか、主人公の恋人と妹がどっちも戦士で、既に名女優であるルピタ・ニョンゴ演じる恋人より、本作デビューのレティーシャ・ライト演じる妹の方が（まあ、得な役。ということもあるが）キュートで魅力的である。とか、本年度（2018年）AAで主要な賞の数多くのノミニー（受賞は脚本賞。10年に一度の名脚本『スリー・ビルボード』を蹴落としたが、この話の面白さは、今書いている暇はない）である『ゲット・アウト』（2017年）の主演、ダニエル・カルーヤが、本作では、そこそこ重要なサブキャラでありながら、演技合戦を邪魔しないように、ちょっと身を引いている感じとか、細部まで全部が全部面白いのである。そりゃあヒットしますよ。異様なまでに。

筆者は興行収入評価のプロではないから

本作の「異様なまでの」ヒット、その「異様性」に関して、「作品が持つ面白さ」だけで稼ぎ出せる数字なのかどうか、つまり「異様に面白いんだから、異様にヒットしたっておかしくないでしょ」と言われたら何も言えない。そもそもどれだけ興収あげてるか知らないし（ウィークデーのTOHOシネマズ新宿で、夜中の1時とかから観たけど、パンパンでしたよ）。

しかし、「異様さ」には、必ず抑圧された何かがある。フロイドなんか持ち出さなくても、ピコ太郎が「異様に」売れたのには、何らかの「口に出してはいけないもの」としての抑圧、もっと露骨に言えば、タブーがある。そしてフロイドを持ち出すのであれば、「タブーがあるからこそ〈異様な〉パワーが出る」のだとも言える。

だーけーどー、「本作のタブー」について、わざわざ書く必要あるか？

タブーなきものの、「順当なパワー」を内容でも興収でも遥かに超えた〈本作だけのタブー〉とは何か？　タブーとは、再びフロイドを持ち出すなら、トラウマと同じで、当事者にも他者にも見えない。

俗流に転化された「トラウマ」と云うのは、例えば「おれ、ガキの頃に海で溺れかけたことがあってさあ、それからそれがトラウマになって、海で泳げないんだ」。これはフロイドの原義に従えば全くトラウマではない。単に「キツい経験の思い出」に過ぎない。キツい思い出だって現在を縛るよ。でも、この人、頑張れば絶対海で泳げるし、この思い出によって病気になったりしない。

トラウマとは、誰の目にも、特に当の持ち主本人の目に見えず、持ち主の行動を根本から縛ってしまう強力な拘束具のことで、神経症の発症者であれ、発症していない者でさえ、自分のトラウマが、自分をどう縛っているか全く知らない。縛られている自覚すらない。だから「PTSD（Tがトラウマ）」という言葉を使うアメリカの精神医療はオモチャのフロイドである。帰還兵がおかしくなるなんて、そんなもん原因丸見えでしょうよ。彼らはトラウマを抱えているのではなく、余りにキツい思い出のフラッシュバックに苦しんでいるだけだ（無茶苦茶に気の毒だが)。

とさて、トラウマ理論/タブー構造の適当すぎる解説はこんなもんにして、「異様さ」を持った本作のタブー/トラウマとはなんだろうか? 以下、わかりやすく箇条書きにすると

1)それ、言う必要あるか?

2)それ、誰も言ってないのか?

3)それ、ひょっとして、そんなことあるはずがないが、誰も気がついてないのか?

4)しかし、もう死んでるから良いけど、中根中《なかねなか》(日本人でも数少ない、黒人問題の先導者)が聞いたら憤死すんぞこのタイトルと内容。

の4点に尽きる。

今から、残り時間を使って、敢えてピエロになってみせるので、笑ってもらいたい。頼むぜブラザー。笑われないピエロは悲惨だ

今から書くことは、おそらく、だが、検索したら一万倍の量の情報が出てくるから、興味がある人は検索したほうが良い。

「ブラックパンサー（正式にはブラックパンサー党（BLACK PANTHER PARTY。以下ＢＰＰ）」は、オウム真理教に対するアレフみたいな格好で、現在でもなんと活動中ではある。

しかし、歴史的に見て、その活動の発動はマルカムXの死後であり、最盛期はマーティン・ルーサー・キングの死後である。つまり60〜70年代である。「党」というだけあって、政治結社である。

そこそこの映画マニアなら、あのジーン・「勝手にしやがれ」・セバーグの謎に満ちた車中死の原因としてＢＰＰとの関係を取りざたされたことがある。というトリビアぐらいは知っているだろう。

オークランドが拠点だったと思うが、どこだとしても同じだ。都市部の貧しい黒人が居住区つまりゲトーを警察官から自衛するために結成された自警団的な側面が強かったが、政治的なイデオローグとしてはコミュニズムと民族主義のキメラであり、何よりも革命による黒人解放を提唱し（ここは日本の革マル派みたいなものだ）、最初期はアフロアメリカンに対し、やがてはあらゆる差別や抑圧を受けているすべてのマイノリティに対して、武装蜂起を呼びかけた（実際に武器の輸出も計画、実行されていた）。何せ60年代には、自由の女神像を爆破しようとして訴訟されてるのよ。「ブラックパンサー党」は。

今でいうとＩＳだとか、ちょっと前で言うと連合赤軍だとか、さっきの革マルだとか、無理めな例えができなくもないが（とまれ、だ、30年後に、マーヴェルから、〈日本人のヒーロー軍団ができて、そいつらの名前が「連合赤軍」〉だとか、〈そのリーダーの名前が「カクマル」〉だとかね。あるいはイスラムのヒーローが以下同文、そう考えてもらって構わない）、要するに、現在も続く（おそらく未来永劫にわたって続く）合衆国内での、黒人の反体制運動の中でも、かなりの武闘派であって、定義者によれば最も危険な極左の暴力集団とするだろう。

彼らが厄介だったのは、主にＦＢＩにとって、公民権運動に代表される反体制運動のオールドスクーラーであるマルカムＸとキング牧師の死によって（どちらも暗殺）、そして何より、公民権法の制定によって、やっとこ全米に広がった、燃え盛るようなアフロアメリカンによる反体制運動が鎮火すると思っていたら、いきなり焼け木杭に火がついた格好で、最初はローカルな弱小組織にすぎなかったのが、全米の、つうか、世界中のマイノリティと共闘せんと、洒落にならない力を持ちはじめたからだ。「アフロにベレー帽、ショットガン持って街を歩く」という、とんでもない人だったわけだし（実物を映画で観たい方に絶好な作品がある。ゴダールの『ワン・プラス・ワン』〈1968年〉である。初期ローリング・ストーンズが後に変死するリーダーをハブるドキュメントを一緒に見れるから、かなり得だと思う）。

一瞬、映画に戻りますよ

筆者は、今自分がピエロであることを自認しながら、検索すれば誰にだって取れる情報を要約しているのだが、以下の事実がなければ、こんな野暮かつ自虐的なことはしない。

映画のほぼ冒頭、舞台は90年代初頭と思われるアメリカで、スターリング・K・ブラウン（テレビドラマ『THIS IS US 36歳、これから』〈2016年—〉で大ブレイク中。ここでのキャスティングもほぼその影響）演じるウンジョブ（主人公から見ると叔父）と、彼の相棒（と、思ったら、実は内通者で、ウンジョブを監視していた、のちにフォレスト・ウィテカー演じる「ズリ」）の部屋に、ヒップホップクルーであるパブリック・エナミーの『It Takes a Nation of Millions to Hold Us Back（邦題「パブリック・エナミーII」←かなりの名盤）』（1988年）のポスター（ヴァイナルのジャケだったかもしれない。デート鑑賞だったんで曖昧ご容赦）がガッツリ映ってる。

そしてウンジョブは、世界の視察を目的としながら、合衆国のあまりの人種差別に、BPPの思想に染まってしまうのであった。その象徴が前述のジャケットである。

この写り込み偶然？　絶対に違う。「いやあ、当時の風俗ってだけでしょ。美術スタッフが置いた小道具にすぎないでしょ」。これも申し訳ないが絶対に違う。

何故か？　やはり反体制的な活動で知られるヒップホップクルー「パブリック・エナミー」の、クルー名の由来を書こう。

この言葉は、FBIが、勢力を拡大し続けるブラックパンサー党に対して、必死のマスコミ操作によって、彼らを危険なファシスト扱いしようとした結果、編み出したコピーなのである。元々は1930年代にアメリカでFBIや新聞が、アル・カポネやジョン・デリンジャーなどをそう指名したことにより流布したものだったのを転用したのである。

「ブラックパンサー党は、現代に於ける民衆の敵のトップ（パブリック・エナミーno1）なのだ」

話が入れ子構造みたいになっちゃってるから整理すると、あくまで、主人公たちが住む、ブライン式のユートピア国家「ワガンダ」（これだって、アルファベットで一文字動かせばウガンダでしょうよ。日本語だったら、うかんむりの、上の短いチョンが有るか無いかだけだ・笑）の王族でありながら、外の世界の視察に出たウンジョブは、路上の悲惨さにクラってしまい、ワガンダの鎖国政策から逸脱し、世界を変えようとする。「ブラックパンサー党によって残された言葉をクルー名にした、パブリックエナミー」のレコードに鼓舞されながら」

このことを危険視、あるいは具体的な謀反と考えた、主人公の父はウンジョブを殺す、この遺恨がウンジョブの一粒種であり、本作「現代風イケメン黒人2トップ」の片割れである、エリック・キルモンガー・スティーヴンス（マイケル・B・ジョーダン演）をして、復讐の鬼と化し、主人公ブラックパンサーとのタイマンとなる。

当然、エリック・キルモンガー・スティーヴンスは悪役だから負ける。ちゅうか、死ぬ。しかしその直前にはブラックパンサーを倒し、天下を取るのだ。そして、そのとき彼がすることは「世界中の被差別者に武器（＝ワガンダの特産品であり、門外不出の奇跡の鉱物「ヴィブラニウム」を使用／搭載したもの）を与えることで、すべての支配者を殺戮し、世界革命を起こさせる」というものなのだ。

もう、目が回ってきたよ

「ヴィブラニウムとか言ってるけど、ウラニウムやプルトニウムの暗喩でしょこれ」とか、わざわざオレが言わなきゃいけないのか（笑）、他ならぬマーヴェルの映画をポップコーン片手に楽しみに来た、大の大人が。しかし、敵役キルモンガーの最終目的は、ほぼほぼ全く、BPPつまり〈ブラックパンサー〉の目的そのものなのだ。それを〈ブラックパンサー〉が命がけで食い止めるのである。

これはタブーやトラウマと呼べるだろうか？

プロレスという競技を指す名言の一つに「底が丸見えの底なし沼」というのがある。あるいはもう少々過激に（BPP的なやり口を借りれば）、ナチスドイツの宣伝省ゲッペルスは「大衆を本当に動かすものは教育ではなく娯楽だ」と言った。

ねえ知っているの、アメリカの多くの観客は？　ねえ知らないの？　日本の多くの観客は？　知ってるよねえ？　知ってるからこその、「それは言っちゃダメでしょ（笑）」だと筆者は信じたい。

もちろん、筆者が買った劇場公開用のパンフレットには、こんなことは一文字も書かれていないどころか、危険回避のためとしか思えないが、今をときめく大スターのスターリング・K・ブラウン（前述の、パブリック・エナミーにヤられちゃうウンジョブ）が載っていないのだ。それどころか、ストーリー解説の部分には、ウンジョブのエピソードが、まるまる落とされている。主人公二人の対決の契機となる、一種の物語の原動力ですよ（笑）。明らかな「見て見ぬ振り」「それは言いっこなし」でしょ？（笑）

もしそうでなければ、筆者はピエロを超えたことになってしまう。ちょっと前は、韓国人の若者のほとんどが日帝時代について知らず、日本人の若者の多くが、我が国が対米戦争をしていたことを知らない。ひどい世の中になったもんだ。とか言われた。しかし、ネットにこれだけ情報があふれているのだ。学校で教えて貰わなくたって知っているはずだ。SNSに批判的な立場をとる筆者でさえ、そうした教育効果についてはネットの性善説的な側面として認めている。

もうピエロ役は疲れたわ（笑）

筆者は、社会問題、合衆国内での公民権運動や反体制運動の歴史についての、一般人のリテラシーなんかどうだって良い。日本人のそれに関しては尚更である。筆者が問題にしたいのは、本作の持つ、逸脱的な「異様さ」、そのパワーの源が、もしトラウマであり、タブーなのだとしたら、だが、それがあまりにあけすけな、つまり暗号でもない記号、あるいは、記号ですらない、目の前にぶら下がってる看板みたいなものなのにもかかわらず、それがトラウマやタブーとして機能するならば、その抑圧（もしくは単純に無知）は世界的なものであり、世の中は歴史認識についてとてつもなく酷い状況である。ということである。BPPの生き証人も、PEのメンバーも存命している。彼らが「面白れえ洒落だな」とポップコーン片手に本作を鑑賞することを心から祈る（ていうか、Twitterとかで、もう何か言ってないか？　見ないから知らないけど）。

（2018年4月）

『フロリダ・プロジェクト 真夏の魔法』
夢の国の周縁はゲトーが取り囲んでいる。
これは驚くべき真実なんかじゃ無い。原理である

中心と周縁

山口昌男など、ロラン・バルトなど引っ張りださずとも（むしろ、今こそ引っ張り出したいけど・笑）我々は知っている、周縁は中心に対し、圧倒的な差異を抱きながら、両極の片方を担う。皇居の周りはランウェアに身を包んだランナーが取り囲んでぐるぐる回っている（皇室内の人々との圧倒的な差異！）、プエルトリコの首都サンファアンは山の上にあり、上に向かえば向かうほど途方もない金持ちが住んでいる。サンファアンの周囲はヴァージン海峡である。サンファアンで麻薬ビジネスのトラブルがあったら即射殺、山から裏の海にポイ捨てされれば、サメがガブガブっとやって証拠はわずかな肉片以外残らない。彼女という中心の周縁には僕らがいて、圧倒的な差異を抱きながら、彼女の周りをグルグル回り、両極の片側を担う。ガザ地区は、その極例であろう。

と、こうした典型的な図式の中に、フランス国のパリ市が含まれる。パリ市街図を見ると、環状の高速道路に囲まれるようにパリ市があるのがわかる。この輪っかの外に、革命前夜までにはゲトーがあって、革命時には中に押し寄せたのであろう、と、誰もが（フランスに市民革命があったことを知ってさえいれば、だが）簡単に想像するだろう。実際にそうだし、何と驚くべきことに、二〇〇有余年を経た現在に至ってもそうなのである。

双子の天才ダンサーチーム「ル・トゥイン」や、フランスで初のジャジーヒップホップチームである「ホーカス・ポーカス」がこの地区出身なのは有名である。ゲトー出身のアーティストに優れた者が多いのは、一般的な偏りの一つだが、そういった、アートに昇華された形でなく、こうした地域の汚濁と緊張、退廃と諦めをそのまま劇映画にした作品としては２０１５年のカンヌでパルムドールを獲得しながら、ほとんど誰も知らない『ディーパンの闘い』をご覧になることをお勧めする。

内戦により荒廃したスリランカを出て、フランスに渡った、所謂「タミル難民」の物語であり、実際にスリランカのテロ組織「タミル・タイガー」出身のアントニーターサン・ジェスターサンを主演に据え、徹頭徹尾、陰々滅々としたゲトーの風景と、そこで繰り広げられる、激戦とはとても言えない、やはり陰々滅々とした抗争が描かれる。この作品のテーマの第一は、「EUが拭い去れない移民問題」や「それでもそこにある愛」を僅差で超えて、「何はともあれ、パリ市郊外の荒廃をドキュメントのように、世界中に見せつける」事であろう。

驚くべきことに、我が国にも同様の作品がある。奇しくも『ディーパンの闘い』の前年に公開された、『ケンとカズ』（2016年／小路紘史監督・脚本・編集／カトウシンスケ主演）である。筆者はこの作品を、当連載中に扱った数多くの作品の中のベストとするに一切の躊躇はない（菊地成孔の『ケンとカズ』評：浦安のジュリアス・シーザー／『ケンとカズ』を律する、震えるようなリアルの質について↑前著『菊地成孔の欧米休憩タイム』に収録。リアルサウンド映画部のWEBでも閲覧可能）。

この作品は、浦安のディズニーリゾートの周縁にゲトーが広がっており、そこに覚醒剤の簡易製造工場と、売人の組織がひしめき合っていることを描くことで、「夢の国」の外側には、反転した夢である、悪夢のようなリアルが取り囲んでいないと、「夢の国」自体が成立し得ないこと、つまり中心と周縁の関係を痛いほどのリアルさで見事に描いている。

〈周縁が中心の模倣である〉という、広大で空間的な痛み

それでもまだ、ディズニーランドと浦安のゲトーは、高い壁によって厳格に隔絶されている。このことは、どんなに少なく見積もっても健全であると言えるだろう。ディズニーリゾートに来て夢を買った人々は、そこにスラムやゲトーの存在があることを隠蔽されたまま自宅まで帰ることができるし、ゲトーの住人（映画で描かれるのは、ほとんどが覚醒剤の製造者と売人）は、死ぬまでに一度はディズニーランドに入りたい、等とは夢思っていない（というか、あらゆる意味ですべてが「それどころではない」緊張感と傷を負って生きている）。相互排除の力学と、知らぬが仏の諺は、全員をWIN-WINにする。

『フロリダ・プロジェクト 真夏の魔法』（２０１７年）のタイトルに冠されたプロジェクト名は、合衆国の得意技である、貧困者に労働を与えるための都市開発計画の名だが、世界でも屈指の観光地であり、中でも「世界で最もマジカルな場所」として知られる、フロリダの「ウォルト・ディズニー・ワールド・リゾート」。それを中心とした時の、広大な周縁にひしめき合う、安モーテル群（規模的に充分ひとつの街）が舞台となっている。

そして、このモーテル達は、実際のディズニー・ワールド内の建物の、名前から外観まで、そっくりに似せられているのである。

スペースワールドやアラビアンナイト、マジックキャッスルといったＷＤＷ（ウォルト・ディズニー・ワールド）を模した、しかし最低、一晩でも40ドルから借りられる格安モーテルの群れは、建造当初こそ観光客の家族利用が圧倒的だったのだろう、しかし、今ではホームレス家族という、キャンピングカーすら持たない貧困層の定住によって、観光客は訪れず、完全に半スラム化している（廃屋もいっぱい）。モーテルだけではない、ボロボロのアイスクリームカウンターや埃だらけのスーヴェニール・ショップもあり、周縁の第一層が、中心のガジェット的なレプリカなのである（一方で薬局や医者や理髪店もあり、ゲトーギリギリではあるが、地区自治体化している）。

舞台の中心となるのは「マジックキャッスル」で、そこの管理人がウィレム・デフォーなのだが、あのウィレム・デフォーが、〈地味な顔の真面目な普通の人〉に見えるほど、強烈な人々ばかりが住んでいる。本作の、表層から深層まで胸をえぐる、刺激的かつ重い痛み、そしてそれと共存する不思議なドリーミーさは、「中心と周縁」の両極端さが、隔絶されず、デザインの模倣というたった一点で液状化的に繋がっている、という、廃墟マニアなどにも届くであろう、特殊物件である事に依る。映画は、グラフィティ型の緩慢なストーリーラインに乗せて、この事実自体、異様で懐かしい景観自体を世界に向けて見せ付ける事に執心している。

物語はほぼ無い／愛が適正量、きちんと湛えられている

主人公は全身にタトゥーが入った、昨日まで売春婦だと言われても不思議ではないシングルマザー（ブリア・ヴィネイト演。服飾デザイナーだった彼女は、インスタグラムを通じて、クランクイン直前にスカウトされたという）で、ビッチではあるが、子供には、何の衒いも隠された理由もなく、「普通に」優しい。

この「子供に対する、普通の健全な愛情」という、光り輝く宝が、本作を単なるノーフューチャーのゲトー映画から救い出して余りある。登場人物は全員、スラムの子供達を、まるで共同体に共有的であるかのような母性愛によって守り続けている。虐待は夢の世界の出来事のようである。更に言えばレイプも人種差別もここにはない。60年代のヒッピーコミューンのようだ。

「そんなに善人ばかりの集団なんてあるかよ」といった発言がリアルだとした場合、本作は、ギリギリで童話かも?というほどにアンリアルなのかもしれない。しかし、監督・脚本・編集・製作のショーン・ベイカーは、愛の人ではあるが、童話の語り部ではない。

前作、全編をスマートフォンで撮影したことで話題となった『タンジェリン』（2015年）も本作も、基本的には写っているものも、観客の誘導力の質も同じだ（『タンジェリン』の方が、多少脚本が凝っているが、それは、コーヒーショップやドラッグストアによって形成される「中心」の周縁をグルグル回り続ける黒人の女装者/性転換者による売春婦達の群像劇が、やがて物語のスタート地点であるコーヒーショップに収斂する、といった「気が利いた円環構造」であって、劇作というより、「スケッチにオチがついた」程度の工夫が、見るも者の心を温める）。巧みで伏線だらけの〈息もつかせぬ見事な脚本術〉は、我々を秘かに疲れさせるのである。

「巧みな脚本なんか書けなそう」ではなく「書けばいくらでも書けそうなのに」といった、刀の鞘への収まり具合、力の抜き加減は、端的にホスピタリティへの供物である。「全知を駆使した、誘導ゲーム」という映画の激しいアトラクション化とも、ベタベタに愛を垂れ流し、観客に移入させるだけ移入させ、おいおい泣かせてカタルシスを与える。という、一歩間違ったらドラッグ的な愛のあり方とも違う、平常水位の愛の存在を、監督は信じている。「最強は穏やかな心」は、毛沢東の言葉である。

然るに、様々な悲しさや惨めさは個々人に降りかかるものの、登場人物たちは、きちんと適正量だけ愛の海の中、温泉にも似た集合無意識的な湯加減の中に居続ける。過剰なヒューマニズムによる愛の押し売りも、その逆である、自傷衝動的な、恋愛飢餓による愛への憎悪や冷感症も、ショーン・ベイカーとは無縁だ。

日本映画でいうと、黒澤明の『どですかでん』（1970年）に近い。スラムやゲトーの中に漲る、誰が誰に、といった個人的な愛ではなく、共同体による共有的な愛、それを堂々と当然のように信じること。「過酷な地域で、過酷な人生を送る人々は連帯し、愛し合うのである」等といった旧左翼の浪漫主義的テーゼを、綺麗事と鼻で笑う自称リアリスト達さえも、本作のショーン・ベイカーは黙らせてしまう。

それは、そうした愛が共有されている場所ですら、人には大人になれないほどの痛みが慢性的に宿っていること、そして、時には事故的に悲劇が起こり得る、という、愛の甘さに流されない冷徹さもきちんと押さえているからである（このことは、映画が終了する契機とつながっている。主人公一家は、この街さえ出なければいけなくなる）。

何せ、あのウィレム・デフォーが、特に率先しては何もやらないのである。能力的には、ギリギリで能無しであるかの如き彼が、あの相貌で示す（しかも）母性の有り様は驚異的である。彼は、傷つきそうになった者、間一髪で傷ついてしまった者に、つまり、丘から転げ落ちそうな者にだけ、確実に救いの手を差しのばす。しかし、必要以上のことも、能力以上のこともしない、ただただ、拾い上げ、猶予を与え、許し、護るだけである。相手の幼さによって絶叫しあったりもするが、彼から仕掛けることは決してない。むしろ彼は、住民たちの未熟さや弱さと、つきあわざるを得ない状況にイラつきつつ、とっくに、あるいは最初から適応しているのである。デフォーの顔が、母親に見えてくる映画。

子供達が瑞々しい映画。なんていくらもあるだろう

そして、筆者がここ数年で見た作品の中で、「子どもたちの瑞々しさ」が、ここまで無防備に、

かつ大切に記録されている例は無い。それは、ドキュメンタリーの手法をコンバインした、無責任な放置でもなく、監督が撮影中、子供たちと密にコミュニケーションを交わした、といった、平均的な交情の産物でもなく、子供たちをこの環境に置いて、好きに遊ばせながらきちんとセリフを言わせ、適正に撮影した、その誠実さの賜物。ということに尽きるだろう。

良い子も悪い子も無い、子供達は子供達なのだ。貧困や愛情飢餓など、合衆国の子供達にとってはもはやデフォルトである。総労働力が極めて低く、金欲や性欲が（少なくとも内部では）渦巻かない共同体で、子供達は「せめてもの伸びやかさ」を、せいいっぱいに謳歌することになる。それは、貧国（例えば合衆国に戻される前のキューバ）の人々が荒んでいない。といった実例のトレースでもあり、監督が作り上げたシンプルで強度のあるリアリズムをバースにしたファンタジーでもある。

多くの退行的な観客は、子供たちを見ているだけで感涙に咽び、ラストは「ハッピーエンドを超えたマジカルエンド」という、間違いなく配給会社がつけたと思われる、過剰申告を鵜呑みにして大感動することになる。ネタバレというほどのことは無いと判断して書いてしまうが、主人公である若き母親が、あらゆる労働（ストリートで安香水売りまでやるのである。全身刺青のまま）に適性がなく、結局とうとう、やり慣れた売春に手を出してしまう。それがSNSによって周知となり、この集合団地を出なければいけなくなる。しかし子供は出たく無い。最大の親友と二人で、行くあてもなく二人は手をつないで逃げ出す。なんとシンプルなエンディングであろうか。

さすがにオチまでは書かない。しかし、ここまで読めば、それがどういう事になるか、ほとんどの読者は想像がつくだろう。周縁の二人の子供が、「中心」に突入した瞬間、映画は終わる。本作は、子供を使って泣かせる安物でもない、合衆国の格差社会を描いた社会派の安物でもない。清貧の思想を押し付ける安物でもない。中心と周縁という永遠のテーゼ、そのバリエーションの一つを、見事な題材の選択、ほとんどそれだけで駆動させた、ある意味、ミニマルなまでの作品である。我々の感動は、周縁への同情や判官贔屓ではない。我々人類が、どこまで叡智を尽くそうと、あるいは何も考えずに無邪気に夢だけを追おうと、必ず中心と周縁が出来上がってしまう。その原理への、無意識の底からの驚きと納得、そして、周縁が中心を模してしまった、という「原理」の「事故」がもたらす、リアルとアンリアルが絶妙にシェイクされた、異次元的な映像体験によるものであろう。

(2018年6月)

『バトル・オブ・ザ・セクシーズ』
〈35ミリフィルムを使って70年代を再現〉系映画の最高傑作。
ワイルドでパワフルな「ウーマンリブ運動の」再現が浮かび上がらせるアメリカの本性

「SEX＜E＜S」ですよ!!

タイトルだけ聞いたらエロ映画だと勘違いする日本人も多かろう（アメリカ人でさえも）。ここでの「セクシー」は日本人の大半が知る「セクシー」ではない。我々が知っている「セクシー」は「SEXY」であり、ややトートロジーめくが、あの「セクシー」のことだ。

しかしここでの「セクシーズ」は「SEXES」つまり、単に「SEX（性別）」の複数形であり、若干の意訳を施せば、タイトルは「性別の闘争」といった意味になる。本作は１９７３年に行われた、女性世界一のテニスプレーヤーのビリー・ジーン・キングと、元男子世界一のボビー・リッグスによる、世界初の男女混合戦を描いている。

筆者は個人的に、本作が２０１８年度の最高傑作になるのではないかと思っている（実はそれどころではないのだが、後述する）。一般的な意味での評価基準にならないのではっきり書くが、かなり泣いたし（というか、冒頭で、完全にテニスプレーヤーの体型と顔つきに改造したエマ・ストーンが、ジョディ・フォスターの顔だったこと、しかし、タイムマシンで20年前に本作ができたとしても、背の低いジョディ・フォスターが演じることはなかったであろうことに気がついたことが重なった瞬間から、落涙し始め、最後まで泣き続けていた）、冷静に三回見直したが、本当に素晴らしい。誠実で緻密で結晶度は極めて高い。

2018年度のベストのみならず、「35ミリフィルムを使って、1970年代を再現した映画」史上の最高傑作であることも併せて間違いない。PCやスマートフォンのプラグイン・エフェクトではなく、実際にコダック社が量産体制に入った（これにはタランティーノやノーランが大きく尽力している）、一度は廃盤にならんとしていた35ミリフィルムを使い、ザラついたローファイな画面、あらゆる時代考証をしっかりやって、70年代の音楽のツボを心得た選曲センスで、「擬似70年代映画」を作る、というのは、もう、一つのジャンルであるとも言える。

しかしそれらは

オリジナル脚本の場合、ヒッピー感覚もしくは70年代式のオフビートなハードボイルド感覚、が扱われやすく、要するに方向性に偏向が生じる。美学的偏向である。まあ、たったの10年間を扱うのだから偏向ぐらいするでしょ。バブル期の日本を描けばバブルへゴー！みたいなのばっかりになるでしょ。とも言えなくもない。

それは、ムッチャクチャ大雑把に言えば「ハードボイルドもしくはヒッピーあるいはどっちも」であろう。

功労者であるタランティーノの『ジャッキー・ブラウン』（1997年）だけでなく、P・T・アンダーソンの『ブギーナイツ』（1997年）『インヒアレント・ヴァイス』（2014年）、シェーン・ブラックの『ナイスガイズ！』（2016年）等々、作品の出来と関係なく、枚挙に暇がない。読者諸氏も、いくらでも思いつくことだろう。

筆者は、この美学的傾向を決定的にした、「再現」ではない実際の「70年代映画」の中でも、影響力で傑出しているのがロバート・アルトマンの『ロング・グッドバイ』（1973年）だと思うわけだが（2018年に突如Blu-ray化した。Blu-rayはみんなそうだが、オマケが多くて嬉しい）、この作品は40年代を舞台にした1953年に刊行されたレイモンド・チャンドラーのハードボイルド小説をそのままクレーンで73年に運んで落下させ、ヒッピー感覚をがっつりアダプトした、「ヒッピー&ハードボイルド」と、そのまんまなので、いわば美学的な原型とも言える。

ところが

「70年代再現映画」の最高傑作は、そこから大きく離れることになった。本作の監督、ヴァレリー・ファリス、ジョナサン・デイトン夫妻は「FOX SEARCHLIGHT MAGAZINE」のインタビューで、アルトマンの『ナッシュビル』(1975年)や、ジョン・カサベテスの諸作を参考にした、と語っている。同じアルトマンでも『ナッシュビル』を挙げるところが渋い&ただネタセンスが良いだけじゃなく、実際に『ナッシュビル』に近い画が多い。と云う点で二重に素晴らしい。

〈脱『ロング・グッドバイ』の70年代映画が70年代映画の頂点に〉とややアクロバティックな見立ても可能だが、いずれにせよ何年代と言わず、21世紀映画というのは、こうした「ある年代の再現力(時代考証)の格段の進化」という、もっぱら技術的な変革が、VFXなどと並び、映画のイマジネーションを律していると言っても過言ではない。機材のヴィンテージ制限性が美学のそれを律するのは音楽も同じだ。

そんな中、本作は、後述する「〈史実の映画化〉というマイナス方向の力学との拮抗」という構図によって強いエネルギーを得、凡百の「70年代再現映画」を強烈なスマッシュで蹴散らす。抑圧を跳ね返すパワーは、フェミニズム運動の先駆として荒廃発的に生じたウーマンリブ運動のワイルドでタフな力強さそのものである。

「史実の映画化」の弱度

本作は「擬似70年代映画」であると同時に「擬似70年代ドキュメンタリー映画」。言い換えれば「史実系」でもある。「〇〇年代映画」を作るのは、過去の有名な史実をベースにしたいから。と云う考え方もある。

なので「史実系」も花盛りで、パッと思いつくだけでも『フロスト×ニクソン』（2008年）だ、ニキ・ラウダを描いた『ラッシュ／プライドと友情』（2012年）だ、あるいは意外とフレンチポップスに多く、厳密には60〜80年代を貫通しているとはいえ、クロード・フランソワを描いた『最後のマイ・ウェイ』（2012年）、ダリダを描いた『ダリダ〜あまい囁き〜』（2016年）、マイルス・デイヴィスの70年代を描いた天下の珍品『MILES AHEAD／マイルス・デイヴィス 空白の5年間』（2015年）だと、こちらも掃いて捨てるほどある。ありすぎてパッと思い出せないほどである。

しかし、こうした作品群と本作が明らかに一線を画しているのは、本作が、ややもすれば「史実系」が持つ「これが事実なんだから仕方ないでしょうマイナス」というか、資料性に基づきながらも、遺族や関係者が残っていることで、重要なこの部分は描けない、といった引き算の抑圧や不全を、登場人物のほぼ全てが存命中（主人公の一人、リッグスは95年に死去）であるに関わらず、全く感じさせないこと、そして、「史実系」の根本的な弱点と評価する事もできる「ある時代の史実を通して、現代を逆照射する」「今、落ち込んでいるアメリカが反省する」といった、テーマ主義への腰の引け方（「それが史実なのだから、それを淡々と描くことが最も誠実で豊か」といった、守備系の美学傾向による弱火化）を、逆転的に、そして熱烈に突破していることである。

熱烈さよ。テーマ主義よ。70年代を蘇らせろ

おそらく整形も施しているだろうし、下手すると身長も伸ばしたのではないかと思わせるほど、レズビアン（当時は未自覚）であるテニスの名選手ビリー・ジーン・キングそっくりに似せた、エマ・ストーンの圧倒的な肉体改造への執念。一方、絶対に間違い無く上前歯二本という、顔相の要である部分を惜しげもなく偽歯に差し替えることで、本人と見分けがつかないぐらいに顔を変え、むしろ「あれ？　本当の彼の顔ってどんなだったけ？」とまで思わせるスティーヴ・カレルの、「デニーロや松田優作メソッドの後継者」とも言うべき、徹底した整形と肉体改造は、本編最後に出てくるボビー・リッグスの写真が、劇中のスティーヴ・カレルと全く見分けがつかない事によって、我々を慄然とさせる。

こうした主演2人の熱烈さが、「実話もの」で弱腰になりがちな、強いテーマ性。即ち「当時勃興中だったウーマン・リブ運動（「リブ」は言うまでもなく「リベレーション（自由化）」の略語）」の実像を、的確なフルスイングのスマッシュヒットのように描いている。本作のテーマは「フェミニズム」ですらない。「レズビアンとウーマンリブ運動の記録」である。

「第二の公民権運動」とまで言われ、フェミニズムやジェンダー概念の源流になったウーマンリブ運動が、合衆国という父系男根的社会のポテンツを完膚なきまで折りにかかる。ボビー・リッグスは、そのストッパーとなるべく立ち上がり、ここに「バトル・オブ・ザ・セクシーズ」すなわち、世紀のミクストマッチが開催される運びとなる。

そして、現在でもまだ複雑に絡み合ったまま苛立っているだけの、つまりは知的で弱腰の活動に過ぎない、ウーマンリブ／フェミニズム／LGBT／ミートゥといった問題系に対し、鋼鉄の意思と、天然の強みで、一個人としてほぼほぼ運動体を勝利に導いたビリー・ジーン・キングの人生を描くこと、フェミニズムの初期衝動、ミートゥ運動などからパースペクティヴされるパンクとしてのウーマンリブの激烈な戦闘が、いかに激戦化しなければならなかったか？という状況と戦況を余すところなく描き、フェミニストにはまだ折りきれない、当時の合衆国が世界に誇ったマッチョのポテンツを一瞬でも叩き折るのである。

冒頭に反復してもう一度書くが、本作でのエマ・ストーンの相貌は、明らかにジョディ・フォスターのそれであり、レズビアンでウーマンリブの闘志、と言えば、ジョディ・フォスターがやるべきであろう。しかし、ジョディ・フォスターには、アスリートの身長と鋼の肉体がなかった。そしてビリー・ジーン・キングはジョディ・フォスターには似ても似つかないのである。この、三つ巴の偶発的な憑依の連鎖が、映画的な奇跡の一つとして筆者の魂を揺さぶった。そして

本作の、物語の凄み

は、単なる勧善懲悪ではない所にある。ここまで読んだ読者も、下手したら作品を鑑おえた観客も、ボビー・リッグスが、ガチンコの男性至上主義者＝女性差別主義者で、ウーマンリブのストッパーとしてビリー・ジーン・キングに立ちふさがった、と図式的に思い込むかもしれない。そして、不屈でありながら天才であるビリー・ジーン・キングに、完膚なきまでに負け、それが合衆国のマッチョ野郎共のポテンツをへし折り、まだ少数派だったウーマンリブ運動の支持者たちが溜飲を下げ、旧世代の男性至上主義者はガックシ。という結末であったとしたら、この映画の輝きは、おそらく10分の1に満たなかったであろう。

ウーマンリブ運動は、フェミニズム運動とは表裏の関係にある。ウーマンリブ運動は、「フ

ェミニズムの社会学的視点である社会構造と歴史の中に抑圧や陵辱構造が出来上がっている」という歴史認識の共有による知的把握をかなぐり捨てた様な、数え切れないほどの個人個人の営為や欲望が、社会という規模にまで拡散した。とコース設定するべきだろう。敵が拡散し、慢性的な不機嫌に陥りやすいフェミニズムに対し、ワイルドなウーマンリブは敵をフォーカスしやすい。そして、本作はそこを逆手に取るのである。厳密には、現実（史実）がそこを逆手に取っていたわけだが。

ギャンブル依存と躁病性。という個人の病

再婚の妻を愛し、青年である連れ子も再婚の妻との幼子もこよなく愛する、心優しい、というよりは幼児性の抜けない天才テニスプレイヤー、ボビー・リッグスは、ギャンブルに依存してしまっている。

ギャンブル依存の苦しさは、我が国の、特にユースからは失われてしまっても致し方ないが、マッチョの病として（「男性の病」という意味ではない。「男性性の病」とするのが正しい）、昭和の御代には我が国にも「飲む、打つ、買う」という、すなわち、アルコール依存、ギャンブル依存、浮気依存の三羽烏として、殿方の深刻な問題だったので、記憶されている読者も多いだろう。

しかし、筆者が感嘆したのは、彼がギャンブル依存との癒着体として、パフォーマンス依存、楽しませる依存、つまり躁病の地獄の中で、それと戦う姿が克明に描かれていることである。

甘え腐った我が国の偽鬱病者は（念のため、真正かつ重症の鬱病者が存在しないとは決して言わない。偽鬱の可能性がフリーパス化されていると言っているのである）、鬱だから辛い、鬱だからかわいそう、鬱だから情けない、といった、鬱状態の弱度ばかりを嘆くが、ある意味、鬱以上に、止まらない赤い靴である躁病の方がずっと辛い。という事実は、特に我が国では余り知られ得ない。これは、やけくそになって誰彼構わず寝るビッチであるとか、毎日クラブに行ってナンパしないと生きた心地がしない病的なナルシシスト達とは全く違う。そうした人々は愛情飢餓からくる自己愛者で、躁病に罹患しているとは限らない。ハイであることは躁病とは違う。

どんなに博打はしないと妻に誓っても、どうしても賭けテニスで勝ち続け、ロールス・ロイスが家に届いてしまうリッグスは、集団カウンセリング2つと個人の精神分析に通ってまでギャンブル依存を治そうとする。しかし、集団カウンセリングでは「問題はギャンブルをしてしまうことじゃない。負けることだ。お前らは負けたからここ来ているだけだ」と演説中にトランスしてしまい、精神分析のカウチでは、休憩中に分析医と楊枝を使った賭け事に没頭してしまう。躁病のなせる技である。

そして彼は妻に別れ話をされるに至る。妻プリシラは言う。

「あなたは素晴らしいわ。男女ミックスなんて、本当にあなたらしい。誰でも自分らしくあるべきよ」

「私も、あなたが次々に奇抜なアイデアを出して、それを楽しんでいられた時代が懐かしいわ。とても楽しかった」

「でも、私に必要なのは、落ち着いて支えてくれる夫なの。あなたは悪くないわリッグス。でもさようなら。ごめんなさい」


鬱によって愛が終わると云うことは多々ある。しかし、躁なら愛が終わらない、などということは決してない。リッグスの孤独は、ビリー・ジーンのような明らかな被差別性のない地点で、重く深い。『フォックスキャッチャー』で、アメリカの鬱性をこれでもかと絞り出した、天才スティーブ・カレルの真骨頂である。今、鬱病と躁病の双方を、これだけの演技力で表現できる俳優はいないのではないか。

対決の構造が、集中的ではなく、バイウェイになっている

そして聡明なビリー・ジーンも、リッグスが女性差別者などとは最初から思っていない。リッグスは、大博打や派手なパフォーマンスがどうしても止められなかっただけで、その大博打の内容が、社会的な問題であり、ビリー・ジーンの個人的な問題であるウーマンリブと、ちょうどよくフックされていただけに過ぎない。ビリー・ジーンは獣のように、目の前にいた獲物に食らいつく。そして、どちらも同じテニスプレーヤーとして、互いを尊敬しあっている。

この精神的な近親関係が、共同記者会見の時の、心温まるバイブスに繋がる。ビリー・ジーンの本当の敵、合衆国という巨大なペニスを、むしろジェントルな素振りで思いっきり振り回す悪質さを体現した者は、作中、別に存在するのだが、あまりにもネタバレになるのでここでは伏せておく。

「70年代といえば、ベトナム戦争のフラッシュバックによるダルいハードボイルド感、世界的な不況、ドラッグカルチャー、そんな空気感」ぐらいに思いこんでいる人々に、本作は「レズビアンによるウーマンリブ」という、フェミニズムよりも遥かに野蛮で苛烈な戦闘、そして、ギャンブル依存と、何よりも躁病も鬱病も同様にキツいという、アメリカの深い闇を知らしめてかつ、非常にポジティヴで感動的なラストを迎える。ネタバレになるが、試合の後、ビリー・ジーンは糟糠の夫と離婚し、同性婚する。リッグスとプリシラは復縁して添い遂げるが、リッグスのギャンブル癖は死ぬまで治らなかった。

拡大解釈が許されるならば、かの『ロッキー』（1976年）にも通じる、肉体改造する者の苦行が見せる感動、ややもすれば現実の羅列と編集に終始してしまうコンテンツを、見事に練り上げた、無駄の一切ない、あらゆるセリフが胸に刺さる名脚本、数多い登場人物が全員、余すことなく魅力的であるという恐るべき力技、等々も含め、改めて宣言するが、現在（2019年11月）のところ、筆者の「70年代再現映画」の中でのチャンプである。

文字数の関係上、深く分析的に触れられなかったが、『ムーンライト』『マネー・ショート華麗なる大逆転』（2015年）で素晴らしいオリジナルスコアを書いたニコラス・ブリテルの作曲は、「なんとなく70年代っぽい」といった安っぽさに堕さず、70年代音楽の、あまりに手垢にまみれた部分を綺麗に避けて、なおかつ70年代音楽としか思えないマジカルなサウンドを量産し、現在のところアルクサンドル・ニースプラ、カーター・バーウェル、ミカ・レヴィ等と並び、最も充実した映画音楽家の、最高の仕事ぶりとなっている。劇中に召喚された70年代音楽は、筆者の耳の記憶としては、ジョージ・ハリスンの「美しき人生」、並びにエルトン・ジョンの「ロケットマン」で、実際の70年代サウンドと、再現され、イマジネイトされた70年代サウンドとの対比と融合によって、本作のほぼ冒頭から、観客の涙腺と知性を揺さぶり続ける。本作は誠実で奇跡的な傑作である。フェミニズム映画などと云う偏狭なものではない。全ての映画ファンにお勧めしたい。

（2018年5月）

『アリー／スター誕生』完璧さのインフレーション

本気か？

この、「まあそりゃあ、アカデミー賞は獲るよね。でも意外と主題歌賞だけだったりするのかも。とはいえ、品格としては複数ノミニー前提ぐらいのステージにある、ということだけは間違いない」本作に対して、世評が何と言っているか？

先ず

「究極的にエモーショナル！　出会ったことがない愛の物語」

としている「Variety」誌は論外である。「出会ったことがない愛の物語」？　本作は3度目のリメイクであり、制作年代に合せて、抜本的な意匠の変換を行った前作（1976年版。以下「バーブラ版」。バーブラはストライサンド）にほぼ準じており、「物語」という単語を「ストーリー」と逆翻訳する限りに於いて、言わんや、「あらすじ」に於いてをや、1937年の映画オリジナル版から一貫して変更はなく、「出会ったことがない」どころではない。むしろ「誰でも知っている、お馴染みの物語」――例えば『ロミオとジュリエット』とか『オペラ座の怪人』だとか「忠臣蔵」のように――として定番化している。

冒頭だが書いてしまったって良い。

〈ショービズ界ですでに成功している男性が、まだ世に出ていない、才能を秘めてはいるが、まだ世に出ていない女性に恋し、彼女の才能を磨いてフックアップする。最初は幸せだったが、やがて女性が男性の手を離れるほどに成功するにつれ、男性のポテンツは折れ、破滅に向かう。女性は男性を愛すれど、どうすることもできない〉

これが基本的なストーリーラインである。当然本作の脚本も、これを骨子にして揺るぎない。

とまあ、これはVariety誌のちょっとしたスリップに粘着する形で、本作のあらすじと概要を説明したにすぎないが、筆者がガチで「本気か?」と思うのは

「レディー・ガガの演技にノックアウトさせられる」

としたTIME誌や

「天才女優・ガガが誕生した」

としたTIME OUT誌、ならびに、本作のオフィシャルサイト内の「著名人コメント」の、筆者を除く全員（マジで・笑）のコメント総てである。

もう一度聞くが、本気か？　だとしたら例えば、特に名を伏せるが「初めてレディー・ガガの本当の姿を見た気がする」的なコメントをしたコメンテーターは、きっと本当に、レディー・ガガの姿を、まともに観たことが今までなかったのだろう（因みに筆者のコメントは「クーパー!!ガチびっくりしたよ!!すげえじゃん!!!（ガガは想定内）」）。

そう、堂々たる本作の、唯一の構造的弱点は「レディー・ガガの人生や実際のライブの方が、この映画のアリーのそれよりもずっとすげえ」という点だからである。

努力家や完璧主義者による、圧倒や感動のインフレを誰が責められようか？ 責められない事の地獄がここにある

デビューしてから一貫して、絶対に手を抜かない完璧主義者ガガの価値が今や、完全なインフレ状態にある事、その事が本作を、大感動という名の拘束衣のような、逆説的な装置として締め付け、〈感動マックスにして上限ががっちり押さえつけられている〉という、奇妙な後味にしてしまっている事を、ガガの責任として石もてうつ事は勿論できない。ガガの努力と実現力は、時に人の命や、命がけのメッセージを封殺してしまうほどのものだ。

例えば筆者は、直接手を下していないだけで、エイミー・ワインハウスを殺したのはレディー・ガガだと思っている。勿論、ワインハウスの命を奪ったのは、直接的には短躯で華奢な身体にドラッグを大量に摂取したからとか、父親の愛がいびつで、心に傷があるがゆえに成功したタイプの成功者が抱く典型的な苦悩が、彼女を追い詰めた事にあるのは言うまでもない。

しかし、ここにトニー・ベネットという補助線を引くだけで、太陽であるガガに対し、否応無しに月の役割に回されるという、ロールプレイ上のマウンティングのような、強い力が発生している事が明確になる。

嘘だと思ったら、あらゆる検索をかけ、トニー・ベネットがデュエット相手をガガで行なっている録音風景と、ワインハウスで行なっているそれ（このシーンは、ワインハウスの伝記ドキュメンタリー、『AMY エイミー』〈2015年〉に含まれてもいる）を比べてみると良い。先ずは両者の相貌が姉妹のように似ている事に驚かれるであろうが、ガガの陽性の生命力に対し、ワインハウスの自滅に向かうしかない、無邪気なダークさ、その黒い輝きは、ジャズマニアと言わず、音楽マニアと言わず、音楽リテラシーが限りなく低い者、予備知識が全くない者にさえ歴然とするであろう。筆者は、この二つの動画を見比べるにつけ「これはガガは（あるいはワインハウスは）見比べているのだろうか？」という、誘惑的な夢想に囚われられずにはいられない。

また一方、3年前（2015年）のアカデミー賞授賞式に於いて、『グローリー／明日への行進』（2014年）の主題歌をコモンとジョン・レジェンドが歌い、典型的な紳士然たるコモンも、ゴンタくれの悪童顔なのに甘い歌声のレジェンドも、「公民権運動から50年経ったけど、今のがよっぽど酷い」「SNSによって、デモ行進できない黒人が増えている」「監視カメラは、50年で10倍になった」等々、スピーチでマジギレしており、え？　これオスカー？　BETA（ブラック・エンターテインメント・TV・アワード）？　という雰囲気でAAの会場を軽く震撼させた瞬間、「さあさあお次は〈サウンド・オブ・ミュージック・トリビュート〉ですよ〜」と、幕が開きジュリー・アンドリュースの格好したガガが、オーケストラや森の木と一緒に堂々と舞台に立っており「サウンド・オブ・ミュージック・メドレー」を、もう嫌になるほど完璧にこなし、「さっきニガーが騒いでたのなんだっけ？」ぐらいに吹き飛ばしてしまった、あのパワー、あの不愉快感（笑）は忘れられない。ガガのことは結構好きなのに「ジョン・レジェンド！　お前のピアノに隠してあるガンを抜け‼」と、モニターの前で絶叫してしまった、3つ若かったオレ。という有様なのである。

他にもレディー・ガガは、徹底的としか言いようのない、〈やりすぎてしまう〉表現ジャンキーぶりによって、例えばＪＰ・ゴルチエを、再生させる格好で潰しかけてしまったり、性的虐待にあった子供達を、主役にする格好で脇役に押しとどめてしまったりと、「悪気がないまま、前に出過ぎ」による類例、枚挙にいとまがない。スタジオでレイプされたＰＴＳＤによるものか、一種の病理によって駆動される完璧主義としか言いようのない欲動が生む圧殺の力は、当然自らに返ってくる。もう何年もガガと取り巻く感動のインフレーションである。

クーパー！！！！

ガガ論を打つ前に、讃えるべき物を讃えるべきだろう。試写室が暗くなった瞬間までは〈アリー〉は要らないんじゃ？（「アニー」じゃないんだから）そして、ブラッドリー・クーパーは、髭さえ伸ばせばバーブラ版の主演、クリス・クリストファーソンに似るから、だけなのでは……ぐらいに思っていた筆者を吹き飛ばしたのは、言うまでもなく奇跡のブラッドリー・クーパーで、えええええええー？　この人、こんな人だったのおー！！！と、驚いているうちに2時間ちょっと経ってしまった。と言うのは大袈裟ではない。

風貌やオーラは言うまでもなく、歌唱力も、そして驚くべきはギターの腕まで、ミュージシャン上がり、あるいは、個人的に熱狂的なロックファンの俳優など、我が国にでさえ、掃いて捨てるほどいるであろう、「ハリウッド俳優の音楽ファン玄人はだし」の領域を遥かに超えている。「オレ、〈ハングオーバー！〉のシリーズ除けば、俳優としてより、ロックミュージシャンとしてのお前のがよっぽど好きだよ‼」というぐらいのレベルである。

いかにも合衆国の田舎の人々が好きそうな、どっかで聴いたことがある様な、つまり安心出来る、オスカー受賞も全く夢でないどころか、大本命であろう主題歌（とはいえ、バーブラ版でバーブラが作った、「エヴァーグリーン」よりも遥かに良い曲）よりも、映画の掴みに演奏され、その圧倒のインパクトが最後まで残るほどの名曲「ブラック・アイズ」が、なんとブラッドリー・クーパー作詞／作曲なのである（しかも、音質も凄い。筆者は仕事の都合で、続けざまに『ボヘミアン・ラプソディ』〈2018年〉を、利き酒のように見比べることになったが、あの完璧な「ライブエイド再現」のクライマックスの、スタジアムライブ感が、ペナペナに聴こえるほどの重厚な低音と分離。私的な記憶では、映画で聴けるロック音楽のヘヴィー感、ディストーション感の極点に達しており、オスカーはひょっとしたら、録音賞や整音賞さえ惜しまないかもしれない）。（追記1）

開始早々、いきなり「おいクーパー！！！！」と思っていたら、なんと監督までやっているではないか（唖然）。本来なら、この事実のヴァリューだけで本作は引っ張れる。しかし、自滅するジャックの独り舞台では、この定番物語は成立しない。主役はがっぷり四つのアニーが必要だ。そこでレディー・ガガである。

ガガインフレ再び

とにかく全身全霊をかけて事に当たる事を旨とするガガは、もう楽勝で体当たりオールヌードになったりするのだが、やっぱPG付けたくないから乳首は見えないし、ヒップの割れ目も見えないし（見たいとも全く思わない。ここに問題がある）、というか、繰り返しになるが、本作における「体当たりのセックスシーン」なんかより、遥かにエロティークな表現を、とっくにガガは音楽のステージでやっているし、それはシリアス部門、歌唱力部門でも全く同じで、ガガの感動的なステージは、音楽が与える純粋な音楽的感動を超えた余剰に溢れた、ある意味で「感動させすぎなほどの感動」を、何度も見せてきて、同じ上限をぐるぐる回るという、ある種の煉獄の中で、ひょっとしたら、本作への主演は、そこからの必死の脱出口だったのではないか？と推察するに難くない。しかし、残念ながら、脱出口にはならなかった、と筆者は見る。いつもながら完璧な歌と演技（ガガの音楽はリアルサイドでもガジェットサイドでも、常に演技的であり、一種の劇場型人格の、最も安心できるクオリティにいる）とても「ガガ新境地」には見えない、楽勝に見えてしまうからだ。

では誰が？

兎にも角にも、ブラッドリー・クーパーのロックミュージシャンぶりは、予備知識（筆者はやらないので未知だが、Twitterだのインスタグラムだので、彼が半ばロックミュージシャンである事をファンは知っているとか・追記2）がなければないほど我々を吹き飛ばす。「骨太で硬派」というのはクリシェだが、ジョニー・デップが名だたる古参のロックミュージシャンと一緒に、楽しくバンドを組んでいる。というようなお遊びステージとは全く違う。

3度目のリメイクは、換骨奪胎もひねりも何もない、古典に忠実な造りにして、ひょっとして最高傑作かもしれない強度と力感に満ちている。映画としては本当に素晴らしいし、何の文句も無いが、レディー・ガガという存在の禍々しさは、全然ミスキャストじゃない、もう彼女しかいない。という選択肢を誰もが掴んでしまう事にまでに及んでいる。デカすぎて映画に出ないと言われる（本人役以外2本しか出ていないし、まったく話題になっていない）テイラー・スウィフト（178㎝）でも、185あるブラッドリーならギリいけたかなと思うも唇寒し、マイリー（・サイラス）とかケイティ（・ペリー）とかセレーナ（・ゴメス）とかいう話じゃないし、何かもうガガの主演は自動的に決まっていたかのようでさえあるのである。

しつこいようだが、ガガに罪はない。むしろ罪を犯して欲しいほどだ。誰もが、あの「TIME」誌までも、なんのためらいも曇りもなく、ガガの映画主演を賞賛する。本作の上限が、既知の頂点で切られていることも知らずに。本作の最も幸福な観客は、レディー・ガガの活動を知らないか、大雑把にしか知らない者であろう。

（2019年1月）

追記1　第91回アカデミー賞に於いて、『アリー／スター誕生』は、サウンドクリエイト系としては「歌曲賞」を受賞、『ボヘミアン・ラプソディ』の「音響編集賞」「録音賞」と、微妙に受賞を分けた、というか、稀代の名曲にして難曲である『ボヘミアン・ラプソディ』のレコーディング舞台裏から、大スタジアムライブであるライブエイドでのライブ、他にもあらゆるシチュエーションでの演奏を丁寧に録音し、作中に並べた『ボヘミアン・ラプソディ』が、ライブシーンが一本調子な『アリー／スター誕生』を抑えた格好になった。とするのが妥当であろう。「映画における音楽」という意味で筆者に異論はない。更に言えば、「音響編集賞」は、劇中音楽だけではなく、劇中のあらゆる音声のデザインに与えられる。その意味で『ボヘミアン・ラプソディ』は本当に素晴らしい。

しかし、文中にある「ブラックアイズ」のインパクトと音の太さは、『ボヘミアン・ラプソディ』の華麗な音響効果全体を吹き飛ばす衝撃とリアルがあった。音響関係の賞というのは、一種の伏魔殿で、長いオスカーの歴史の中に、非常に複雑で二転三転する事情があり、あらゆる資料に色々なことを書いてあるが、ここではまあ「1発のインパクト」の凄さ（音響効果）、に対して。と筆者の主張を合理化しておく。

それよりも、「歌曲賞レディガガ。ガガ、ハリウッドデビューにして、感激のオスカー初戴冠」は、主文の趣旨通り、インフレの極致であり、所構わず泣き崩れ、感謝しまくるガガのパフォーマンスは、ガガの音楽家としての活動を追っている者ならば、「はい来ましたまたコレ」と言う域を出ない。

追記2　その後の調査により、驚くべきことに、ブラッドリー・クーパーは、出演を怖がり、なかなか首を縦に振らないガガに対して、監督として「音楽家である君が女優ができないということは無い」という事を証明する、一種の説得材料として、一ヶ月だか二ヶ月だかの特訓によって、ギターと歌を練習し、「ほら、僕にだってできただろう」と言ってガガを出演に至らせた。とする説が有力になってきた。いかなハリウッド・バックヤード・エピソードとはいえ、数曲だけ（というか、しつこいようだが、冒頭の「ブラックアイズ」だけで良い）なら、俳優が特訓すれば、ここまでやれる。と言われたら、多くの米国ロックミュージシャンは苦笑するしかないだろう。クーパーに潜在的な才能があったと言うしか合理化の方法はない。

『天才作家の妻 40年目の真実』
よく言うよね〈愛すべき佳作〉とか〈愛すべき小品〉とか。
でも、今時そんなモンあるのか？　この作品以外で

もう、絵に描いたような「愛すべき小品」

この、昨今ではとんと見なくなった、絵に描いたような〈愛すべき佳作〉〈小品だが良品〉である本作は、先月末から公開されているし、先日、仕事で北京往復のＪＡＬ機に乗ったのだが、既に機積されていたので、たった今評を出すのは、若干遅きに失した感は拭えないのだが、とにかく、まだ公開中である劇場を見つけたらぜひ足を運んで頂きたいし、海外旅行や出張で、機内鑑賞の機会がある方は、迷わず本作を選んで頂きたい（『ガーディアンズ・オブ・ギャラクシー：リミックス』とかにしたい気持ちは抑えて頂いて）。あなたの行く先が、如何なる国で、如何なる要件であろうと、その旅は、幾分、ハートフルな温かみが加味される事になるだろう。筆者と本作は、あなたの期待を絶対に裏切らない。

「ノーベル賞受賞者映画」として（へー、こんな風なのね）

「ノーベル賞受賞者」が、どう云う過程を経て受賞を知り、その後、どう言う過程を経て授賞式に赴き、授賞式の会場内はどんな景観で、出されるディナーはどんなもので……といったほとんどを、結構な頻度でノーベル賞受賞者を出す我が国の国民である我々は、テレビのニュース番組などによって既に知っている。例のあの、悪くもない雰囲気を、本作はきちんと抑えた上で、さらに深い詳細――1人の受賞者につき、通訳や滞在期間中の従者がどのぐらい付くのか、報道カメラマンの存在、充てがわれるホテル、授賞式のリハーサル、授賞式中の式典テーブルでの、スウェーデン王室の人々や、全く別ジャンルの受賞者との会話、等々――を、劇映画のリージョンの中で、過不足なく捉え、描いている。

思い返せば、「あっても良さそうだが、意外となかったジャンル」である。恐らくドキュメンタリー・フィルムでも無かったのではないか？　テレビの報道カメラによって既知になっているものを、劇映画で（初めて新鮮に）追体験する感覚は、端的に懐かしいし、心地よい。劇映画というメディアが持つ、古い人工性の癒しを、本作は101分間、惜しげも無く満たし続ける。それはまるで、北欧の強烈な酒の香りが、暖炉のある広いバーラウンジに立ち込めているようでもあり、我々がサウナ風呂と呼ぶ、フィンランド式蒸し風呂に満たされている湯気のようでもある。

「新・北欧映画」として、例えば『フレンチアルプスで起きたこと』（2014年）『ザ・スクエア 思いやりの聖域』（2017年）『THE GUILTY／ギルティ』（2018年）のような、現代北欧のリアル、を描く作品群が一律持っている、ある種の奇妙な悲惨さや荒廃、といった感覚が全くなく、夫婦愛を描いたヒューマン（コメディ＝相当笑わせるんで）ドラマとして、寒い国だけに、暖かい、暖炉の前でくつろいでいるような通奏感は、おそらく、ここがホームであるサンタクロースまで繫がっている。これは、変形したクリスマス映画であると言っても良い。

しかし、ゴリゴリの「ハリウッド映画」ではない

資本はイギリス、スウェーデン、アメリカの合作制、監督のビョルン・ルンゲ（当時57歳）は、案の定、監督業の他にも小説を出版したり、有名なストックホルム市立劇場で舞台の演出などもしている、文芸の総合派である。脚本のジェーン・アンダーソンはアメリカ人の壮年女性、原作者メグ・ウォリッツァーも壮年の女性ニューヨーカー、物語は、一歩間違えばハードコアなフェミニズム映画にでもなってしまいそうな危険な橋を、避けるでも逃げるでもなく、ギリギリで上手く渡り切る。一方、美術系とも言えるプロダクションデザイン、衣裳、音楽は共に英国人。

その結果、前述の通り、ハートフルかつ、安易な夢物語ではない、苦味もしっかり込めた、しかしながら「夫婦愛を描いたヒューマン（コメディ＝しつこいようだが、相当笑わせるんで）ドラマ」の範囲にきっちり収めている。50年代までのハリウッドにはお家芸だったこの路線も、今やハリウッド単独では無理になってしまった。しかし、こうした方法があるのか、と、軽く目から鱗が落ちる作品でもある。

肝心要のストーリーは

もう、脚本の巧みさ（これ見よがしのスキルフルではなく、もう安定の軽い素材を、手を抜かずにしっかり調理して、ホスピタリティ満点である）に、安心して乗っかり、誘導されるがままに、笑ったり、ドキドキしたり、考えさせられたりしていると、最後のオチが来る。ここのショックとその直後の感動を生じさせるさじ加減は抜群で、とにかく品が良くて良くて感心してしまう。

オチ以外は、全部書いてしまっても良いぐらいだ。何せ、宣伝媒体である小さなフライヤーから、公式サイトまで、ほとんど、オチ直前までの、物語設定が全部書いてある（笑）。私感では、もっと伏せても良かったのではないかと思うほどだが、まあ、事前に知っていても鑑賞の妨げにはならない。

〈地味ながら実直に執筆活動を続けていた夫に、ある日、ノーベル文学賞受賞の知らせが入る、ベッドの上で手を繋いで飛び跳ねる老夫婦、しかし、夫の作品は、少なくとも夫が単独で執筆してはいない。どうやら妻が関与している……〉

「手柄の取り合い、と言うバディもの」として

こんなによく出来た作品はない。静かだが凄まじいサスペンスは開始直後から一点に集中する。それは「果たして、妻はどのぐらいの割合で、夫の小説に関与していたか？」である。極左では、妻は完全なるゴーストライターで、夫は1文字も書いていない、極右では、妻はちょっとしたアイデアをキッチンやベッドからアシストしただけ、しかしそれが作品のコアとなる、と言った具合である。

昨今は、1曲の良くできたポップチューンのクレジットが、作詞、作曲、編曲、アイデア提供、共作者、元ネタ関係者、等々、10名にも及ぶことがある。「芸術とは、作家たる芸術家個人が、たった一人で書いている（描いている）」と云うロマン派的な幻想は、文字通り、音楽におけるロマン派が勃興する19世紀に肥大し、20世紀までなだれ込んだ大幻想で、中世の宗教画や建築を、ベラスケスやダ・ヴィンチ、ブラマンテやミケランジェロ等が、たった一人で作り上げた、と思っている人々さえ、20世紀には存在した筈だ。

単に物量的なスペクタキュラがある建築や大絵画、あるいは2時間に及ぶ交響楽やオペラでなくとも、やろうと思えば一人だけで創出することが十分可能である小絵画、小説、俳句や詩、軽いポップソングですら、バディの存在がビハインドされている可能性は常にある。まだ誰もが、佐村河内事件をご記憶の筈だ、あの事件が示唆するものの大きさは、一瞬にしてアンフェアだと決めつけると、取り囲んで徹底的に責め潰すことしかできない、才能のないいじめられっ子の集団であるネット社会の幼稚さに押さえ込まれてしまい、芸術論としての大きな問題提起のチャンスを潰してしまった。本作には、その問題提起への回答が、趣味良く的確に描かれている。

「受賞スピーチのクリシェ（決まり文句）である」

「この受賞は、私一人のものでは無い（その後、多くは家族の名を呼び、感動を誘う）」と云う、アレを、受賞スピーチ界の北の極点であるノーベル賞の席で堂々と描いて、根本から現代の問題として揺さぶってみせる物語は、やりようによっては、前述の「夫婦という階級制度」とのコンフリクトも含め、主にフェミニズムの問題として、どこまでもシリアスに、どこまでもエグく描くことが可能だろう。しかし、作品はそうならない。ゴシップ記者すれすれの伝記作家を演じるクリスチャン・スレーターの見事なサポートも含め、物語は、社会性への漏洩を許さず、夫婦愛が発する笑いと涙、危機とその回避、安楽と許し、と云った世界から一歩も出ないまま、小さなどんでん返しを繰り返して、紛うかたなき、苦いハッピーエンドを迎える。

グレン・クローズにスタンディングオベーションを

『ガープの世界』（1982年）も、『危険な情事』（1987年）も、共にフェミニズムの映画である。厳密に言えば、かなりツイストしたフェミニズム映画で、前者は極めて難解かつ宗教的な女難喜劇であり、後者は、かなり悪どいリビドーに直結される、エロティック・サイコ・サスペンスだったが、根底にフェミニズムの問題が通奏されているという点では、本作とも同様である。

「とうとう誰それがオスカーを獲る」というトピックは非常にポップだ。個人的に筆者は、彼女がこれで初戴冠することを強く希望している。「絶対に、死んでも、こんな女とセックスしたいとは思わない」「と、男たちに言わせない（悪くエロいので）」という、恐ろしい狂女の性的魅力を、自分以外の誰ができるのかと云った、あらゆる適性で演じきった『危険な情事』から30年後、ミソジニーという地獄をきちんと踏まえた上で、フェミニズムの完成した寓話に至った彼女の円熟は、気骨さえ感じる本当に素晴らしいものである。再び、初戴冠を希望する。

72歳の女性としての、あらゆるリージョンを完璧に演じ、しかも激昂するようなお安い名演技は全く行われない。名優、ジョナサン・プライス演じる、男根が黄金だった時代を生きてしまった男の弱さと狡さと哀れを、楽勝でパッキングした、しかし誠実な善人である夫はスピーチで言ってしまう、前述のクリシェを。「この賞は妻と共にある。妻がいなかったら書ききれなかった。世界一愛する、最も大切な妻を紹介します」。この、すべてのフェミニストが対峙しなければいけない、前時代的で悲しく美しい偽善と抑圧。その瞬間にグレン・クローズの堪忍袋の尾がとうとう切れる。

ここでの演技は、全女性が必見、全夫婦、特に老夫婦に特別割引券を、と言うのは容易すぎるだろう。SNSや周辺通信テクノロジーの完全な定着によって、ほとんどの脆弱な孤独が一掃されてしまった世界で、我々は、神経症的に肥大した孤独感に苛まれながら、何かをクリエイトし、表現し、発信し続けている。そんな我々が「自分は一人ではない」と言うとき、それは、ファンタジックなまでのヒューマニズムに立脚していることが多い、しかし、夕食のカレー1杯でも、共作している夫婦は多い筈だ。あなたの言葉は、様々な他者の言葉の集積かもしれない。ジョナサン・プライスの偽善と、グレン・クローズの抑圧と葛藤、そこからの暴発は、我々現代人が誰しも抱いている構造的なもので、社会性すら超えた、人類学的な根底なのである。そして、この構造的な軋轢から我々を救うのは、結局、愛と死しかない。本作が〈愛すべき小品〉であること、その小ささこそが我々を清め、暖める。

（2019年2月）

『ビール・ストリートの恋人たち』
「新・黒人映画」が生み出した怒りに満ちた美の結晶

『If Beale Street Could Talk』は、内容に沿って思いっきり意訳するなら『もしビール・ストリートが証言できたなら』という事になるのかも知れません。エンドクレジットの最初に初めて登場する本作のタイトル、そのロゴは、ジェームズ・ボールドウィンがディィール・プレス社から74年に出した原作の表紙のロゴをそのまま映しています。

「山に登りて告げよ」（1953年）「次は火だ」（1963年）等々、合衆国に於ける公民権運動が盛んだった時代に、アフロアメリカンであり、ゲイである。という二重差別をペンに共震させて激しい作品を残したボールドウィンも、65年にマルカムXが、68年にキング牧師が暗殺された事に落胆し、70年代はパリに移住します。その、注目されなかった70年代に、ボールドウィンは小説を2作だけ書いています。そのうちの1冊を、『ムーンライト』のバリー・ジェンキンスが狙っていた。それが本作です。

ジェンキンスの作風の特徴は、〈緩急〉と〈静寂〉です（撮影は『ムーンライト』組のジェームズ・ラクストン）。その底に激しい怒りが漲っています。

〈緩急〉と〈静寂〉こそ、ヨーロピアンカルチャーのコアであって、クラシック音楽の交響曲がその最大の伽藍だと思いますが、合衆国のアフロアメリカン・カルチャーは、アゲインストホワイトとして、元々は自らのカルチャーの中にも、姿を変えて持っていた〈緩急〉と〈静寂〉という両者を捨て、ある意味で一本調子で騒々しいファンキーや、反復するグルーヴ、ユーモラスで、セクシーなホットさをその精髄としたのに対し、そこにゲイ・カルチャーも含ませた上で、ブラックカルチャー総体に捨て去った〈緩急〉と〈静寂〉、更には、〈柔らかさ〉〈色彩〉〈クール〉を採り入れる、というのはコペルニクス的転回、であり、その〈怒れるエレガンス〉は、ジャズの帝王、マイルス・デイヴィスを彷彿とさせます。基本的には陽気な馬鹿騒ぎであるジャズに、あらゆる知的なエレガンスとクールネスを輸血したマイルスは、アフロアメリカンの中の富裕層出身で、その怒りのあり方は、差別を受けた黒人、というシンプルさと違い、何重にも屈折して、増幅されたものでした。

そして、現に本作は、すばらしいニコラス・ブリテル（こちらも『ムーンライト』組。因みに白人です）の、まるでドビュッシーのようなOSTと別に、なんとあの『カインド・オブ・ブルー』（1959年）から「ブルー・イン・グリーン」が、しかも途中から一瞬、小さい小さい音量で流れます。私が知る限り、「カインド〜」を引いてきた映画は初めてだし、「カインド〜」が何かに引かれる時、こんな美しい使い方をされたのは初めてだと思います。

すばらしいセンス。としか言いようがありませんが、これぞバリー・ジェンキンス・マナーですね。徹頭徹尾、オールドスクーラーのガチャガチャとオフェンシヴにアジりまくる黒人性を外して、光学的な〈静寂〉と、音響の〈緩急〉を駆使し、非常にありきたりで、非常に痛ましい冤罪の物語を、時系列シャッフル、主人公ふたりが完全な新人、原作と原作者にマキシマムリスペクト、というシンプルかつパワフルな手法で、「意識高い系の黒人映画なんかブラザーは観たかねえぜ」といった批判を食らった、やや高踏的な『ムーンライト』よりも、ずっと一般的な誘導強度がある、オーバーグラウンドな作品に仕上げています。

『ムーンライト』最大のパンチラインは「キューバ人は古来から、月の光に当たると黒人の肌は紫色に輝くと言った」という、クラブのブラックライトを否が応でも連想させる素晴らしいセリフでしたが、これを作品全体のコンセプトにまで昇華した上で、大衆的に落とし込んで強度を上げ、『ラ・ラ・ランド』（1916年／デイミアン・チャゼル）が安易にアダプトしたアメリカン・フレンチ風味の導入を、全く安っぽくなく（悲劇の主人公であるふたりが、まるで『シェルブールの雨傘』〈1964年〉の登場人物みたいに、どれだけ悲劇的でも、カラフルでおしゃれに見えるし、『ビール・ストリートの恋人たち』〈1967年〉という邦題は、『ロシュフォールの恋人たち』〈1967年〉からの連想のようにも聞こえます。因みに、この2作の音楽を作ったミシェル・ルグランは、マイルスと何度か共演しています）、「ニューオーリンズのことを考えろ（ニューオーリンズは元々フランス領でした）」「ボールドウィンがどこに居を構えたか考えろ」という静かな調子で、底に湛えられた怒りを透過し、ずっしり訴えてきます。

セックスシーンは黒人だけが描かれた宗教画のよう、宝石を置くヴェルヴェットのシーツが、何故、黒や濃紫なのか？　うっとりするような美の結晶が、社会問題に迫ってゆく様は、「新・黒人映画」のクラシックスとするに相応しい、堂々たる名作です。

（初出：『ビールストリートの恋人たち』劇場用プログラムを加筆・修正）

『グリーンブック』
これを黒人映画と思ったらそりゃスパイクも途中退場するよ。〈クリスマスの奇跡映画〉の佳作。ぐらいでいいんじゃない？

これ何映画？

本作は一体、カテゴリー何映画か？「南北戦争は終っちゃいねえ系の人種差別糾弾映画」？全然違う。「（流行りの）バディもの」？　まあ、ギリ違う。「感動の実話映画」？　実際に実話だし、感動もするけれども、やはり違う（この点は、ある意味すごい）。「心温まるヒューマンドラマ」？　まあ、括りが大雑把すぎて、もうほとんどそれでいいじゃないかと思いかけるが、やはり違う。

筆者は本作を「クリスマスの奇跡」映画、特に「ニューヨークのクリスマスの奇跡」映画の佳作だと思う。歴史上のクラシックスから、誰も知らないマニアックな小品まで、「ニューヨークのクリスマスの1日を描いた、あるいは、クライマックスがニューヨークのクリスマスで（だからこそ）、奇跡的な何かが起きる映画」の歴史は存在する。『素晴らしき哉、人生！』（19

４６年）だとか『34丁目の奇跡』（１９４７年）みたいなのだけではない。分類を「アメリカのクリスマス映画」とし、舞台をニューヨークから移動させれば『ダイ・ハード』（１９８８年／ロサンゼルス）も『ホーム・アローン』（１９９０年／シカゴ）も『第十七捕虜収容所』（１９５３年／舞台の収容所はスイス国境近くのドイツだが、捕虜全員がアメリカ兵）だってこの系譜にある。

このカテゴリーの最大の属性は「善意しかないこと」である。クリスマス映画に、悪意があってはならない。絶対に。何故なら、奇跡が起こるのである。神の、ちょっとした采配によって。

筆者が勉強不足なだけで、クリスマスに奇跡が起こるかと思ったら、逆にトラウマになるような陰惨な事が起こる映画とか、ニューヨークのクリスマスの一夜を舞台にした、人が何百人も死ぬ戦場アクション映画、主演である子供か若者が難病で苦しみぬいた挙句、ニューヨークのクリスマスの夜に衰弱しきって息をひきとる絶望的映画とかもあるのかも知れない。世の中には、ただ単にひっくり返せば凄い事でもしたかのように錯覚してしまい、それで得意になっている気の毒な人々もいるから、そういう気の毒で安っぽい（考えも覚悟も薄い単なる童貞的なトウイストは、全て安っぽい）産物も、地下にはあるだろう。

しかし、悪夢的な『バットマン リターンズ』（１９９２年）だって、物語上は結構な悲劇的結末である『8人の女たち』（2002年）だって、筆者の見る限り、大変な愛と、理知的な善意に満ちている。ティム・バートンは『バットマン リターンズ』や『シザーハンズ』（1990年）を、「ちょっとトゥイストしたクリスマスの奇跡映画＝善意の塊」であろうとして、若気の至りで果たせきれなかった事を、後年、『ナイトメアー・ビフォア・クリスマス』（1993年）によって雪辱しようとしているように思える。

この縛りが、マハーシャラ・アリを

「新・黒人映画の監督（ニュースクーラー）」である、バリー・ジェンキンス（『ムーンライト』『ビール・ストリートの恋人たち』）の盟友であり、「新・黒人映画」の象徴という格から、金に転んで牙を抜かれた、つまり、ある瞬間のエディ・マーフィーや、あらゆる黒人俳優、ラッパーからの転向組、または、ゴダールとキツいビーフ関係に陥り（お互いボコボコにディスりあった）、未だに決別したままのジャン＝ポール・ベルモンドに比するべき、転向の瞬間を見せた。とすべきかどうか？　筆者の判断では、「（演ずるピアニスト）ドクター・ドナルド・シャーリーが、ゲイだったかどうかの微妙な判断を、ほんのちょっとした、しかし確実な力加減によって、きちんと押さえている。事によって、硬派であり、牙が抜かれた。とするのは早計では……ないかな」程度である。

話をＡＡ（米国アカデミー賞）に限定すればするほど、「黒人映画」は可視化しやすい。厳密には「黒人映画のスクーラー分類だが、映画ファンにヒップホップ業界のジャーゴンを使って通じるかどうか甚だ疑問なまま&ちょっとしたルール違反になるが、筆者が他誌にスパイクの『ブラック・クランズマン』（２０１８年）について書いた記事を引用する（編集部注：初出「TOWER RECORDS intoxicate vol.138」〈２０１９／２／20〉）。

※この引用記事は、本書（Ｐ１１７）に丸々掲載されているので、ご面倒だが、そちらをお読みいただきたい。

と云う長い前提を読んで頂かないと、本作の意義も完全には通じない。ストーリーの評価だけするなら、これは善人ばかりが出てくる、心温まる作品。それだけだ。

ストーリーはワントゥイストのみ

アフロアメリカンとイタリア移民の友情。いろんな描き方があるだろうが、ここではアフロアメリカン（以下、「黒人」）がインテリジェントでハイプライドなＶＩＰで、イタリア移民（以下「イタリア人」）が、まあ、ブラザーである。というか、この話は実話ベースだ。北欧人とアメリカ人のハーフである、ヴィゴ・モーテンセンが、ここまでイタ公役を見事に演じたのには

（いくら幼少期に南米でスペイン語で育ったとはいえ）驚きを禁じ得ない。他国人で、ここまでナスティなイタ公を演じられるのはピエール瀧以外考えられない。

というか、再度、この話は実話（ベース）である。イタリア人トニー・バレロンガは、トニー・リップ即ち、『ゴッドファーザー』『イヤー・オブ・ザ・ドラゴン』（1985年）『グッドフェローズ』（1990年）とか、テレビドラマとかで「この人、役者じゃないでしょう。本物でしょう」というギャング役を演じた洒落者であり、ニューヨークの伝説のナイトクラブ「コパカバーナ」で店長だった人物だ。

まあまあ普通に人種差別主義者だった彼が、少なくともアフロアメリカンに対する偏見を捨てる旅をこの映画では描いている。ニューヨーク発の旅は、2ヶ月かけて（実話ではもっとずっと長い）、「ニューヨークのクリスマス」というゴールに向けて走り出す。

ドクター・ドナルド・シャーリーの奇妙で魅力的な折衷音楽は、演奏や音源は、今、YouTubeで、ほぼ全作が気軽に聞けるので、是非お聴き頂きたい。多くのアメリカ人のうち、ジャズファンは彼を、「クラシック出が、お高く止まったジャズまがいをやっている」と思っているし、クラシックファンは「時代が時代で、クラシックをやらせてもらえなかった黒人クラシックピアニスト」と思っている。実際はそんなドラスティックなものではない。ここにある折衷は、アフロアメリカン、しかもクラシック奏者が苦闘の中から編み出した切実でエレガントな折衷である。

劇中の彼の演奏の「？」感が

この作品のアウラを一段上に引き上げる。ネタバレはしたくないが、クライマックスの（それはとても感動的な）ジャズクラブの演奏シーンまで、観客は、彼と、ドイツ人のコントラバス、ロシア人のチェロのトリオが、ディープサウスで演奏している音楽のジャンルが、なんだかわからないだろう。ここのきめ細やかな音楽考証が、本作をして、凡百の異人種間ヒューマンドラマを超え、迫真の何かを付与している。「？」の連続が、推測上のサスペンスを生み、やがてクライマックスで爆発する構造は、音楽家を扱った映画史の中でも、類例が全くない。

音楽以外にも典礼芸術や心理学も修め、カーネギーホールの高層階に住まうセレブリティ黒人が、敢えてディープサウスを、タキシードに身を包み、欧州人をバックに、明らかにクラシックタッチの、作曲作品としてのジャズ風クラシックを演奏する。ところが、である。

「果たして、その結果は？」

というサスペンスは物語の中には一切ない。これがなんと、どこに行っても、普通にリスペクトされ、大変なアプローズを受ける。要するにウケまくりなのである。イタリア人は彼の天才を知る。そして黒人が受ける屈辱は、トイレに入れない、レストランには入れない、控え室が物置である。と云った、「当時の黒人」ジャズミュージシャンなどと全く同じ、例のアレだ。ステージ上では紳士だが、ステージ下では気持ちの悪い猿だ。しかも、彼を掘っ建て小屋のボッタン便所に行くように命じ、彼を物置で着替え、そこで食事を摂るように命じる白人たちは口を揃えて言う「私個人の決定じゃない。私は人種偏見はありません。上の決まりで（あるいは「この店のしきたりで」）」。これも平均値以上でも以下でもない。

ストーリーに斬新さは

前述の、黒人が、どうやらおそらく、だが、ゲイであろう。と云うほのめかし以外には何もない。と言っても良い。前述の、そもそもの、演奏される内容とそれに対する聴衆がもたらす「？」と、「ゲイかも？　だとしたら……」それで十分なのだ。あらゆるエピソード群は、どこかで見たことがあるものばかりが、見事に組み合わせられている。さては職人の仕事であろう。

あとは、ニューヨークのクリスマスまで、つくりもんの一定量の感動が、前述の音楽の適正な扱いによる抑制効果もあって、お涙頂戴の下衆感なく、上品に上品に通奏される。さては職人の仕事だ。

そして監督はあの

ピーター・ファレリーである（白人）。ジム・キャリーの『Mr.ダマー』（1994年）とかキャメロン・ディアスの『メリーに首ったけ』（1998年）でヒット飛ばして、それ以外は、そこそこ普通の、あの彼だ。仕事する以外、何をする？　彼に合衆国民としての問題意識がどこに？　エリート黒人は中盤で、自分のアイデンティティの多重性について、雨の中、絶叫するようにイタリア人に問いかける。このシーンの、驚くべき軽さよ。さすが『メリーに首ったけ』で一瞬天下を取った職人監督である。

しかし、しつこいようだが

本作は、適度な新しさを加えた、とても安全で優秀な「ニューヨークのクリスマスの奇跡」映画だ。選曲担当（「ミュージック・スーパーヴァイザー」と肩書き名が、最近やっと浸透した。OSTを書く作曲家と別に、既成曲を選曲して、権利クリアランスをし、劇中に流す仕事。まあDJに近い）者の仕事は、もう完璧（ディープサウスの各地に向かう、その向先を歌い込んだサザンソウルが流れる）とも言えるし、誰でもできる、とも言える、つまり最高だが、イージージョブである。イージーで何が悪い。黒人のポップ・ミュージックを知ってるのがイタリア人で、黒人は1曲も知らない。その設定に、リトル・リチャードが流れる。その繰り返しに、何の文句がある。

筆者はつくりもんの定番品、その最も新しいやつで、安心して泣いた。合衆国民以外の特権だ。本作は古いボトルに新しいワインを注ぎ、大成功した例で、何の教訓も、考えさせるものもない事すら「実話だから」と云う大義で正当化される、そこそこよくできた娯楽作である。

怒れ、強面だが理屈っぽいプロフェッサーS、怒れ、優しげだが胸に秘めた怒りはプロフェッサーどころじゃない完璧主義者ジェンキンス。怒れ、陽気で狂ったコメディアンであり、プロフェッサーのマイメンでもあるジョーダン・ピール。お前らは『グリーンブック』の受賞についいて、クソだらけに罵って良い。俺たちは罵れない。泣いてるし。ちなみに、タイトルは悪い。象徴的でもないし、気も利いてない。

（2019年3月）

『ブラック・クランズマン』
「骨太で滑稽で怒っている」オールドスクーラー、
スパイク・リーの怒れる社会派作品は
ファックに笑えるそしてAAで本作はどう扱われるのか？

本稿が出る頃には雌雄は決しているだろうが、少なくともAA（米国アカデミー賞）への局所序盤戦として、本作『ブラック・クランズマン』と、狂ったように面白いが、タイトルも内容も基本的に狂っているとしか言いようがない、〝アメコミ映画初のノミニー〟として、かのマーベルが放つ『ブラックパンサー』が作品賞候補として激突し、その一方で、作品賞のノミネートこそ逃したが（AAのアソシエーションに強く抗議したい。お前ら正気か？）バリー・ジェンキンスの『ムーンライト』に次ぐ、そして『ムーンライト』よりも遥かに高い一般性と完成度に満ちた傑作『ビール・ストリートの恋人たち』が、脚色賞、助演女優賞、作曲賞のノミニーとして脇から迎撃するという構図を見せる2019年SSのブラック・ムーヴィー界の状況は非常に豊かで喜ばしい。

『ブラック・クランズマン』は一見ブラックスプロイテーション映画のパロディ・コメディの態だが（実際、本作は第二に実話であり、第一にはリメイクである）、その実ガッチガチの怒れる社会派であり、HIP HOP誕生以降のブラックムーヴィー界、「骨太で滑稽で怒っている」を旨とするオールドスクーラーであるスパイクが、自分の生徒であり（スパイクの先生業は伊達でも酔狂でもバイトでもなく、ニューヨーク、コロンビア、ハーバードで常勤。映画についての教鞭を執っている）、ニュースクーラーとして次代を担う、ジェンキンス、ピール等の台頭と、彼らの、プロフェッサーへのリスペクト&プッシュ、そして「Twitterをやってる二人目の大統領（オバマは「やってない」に等しく、実際には「Twitterを一般人の様に活用した最初の大統領」）」であるトランプに対する怒りから突如としてミドルエイジ迷走状態を抜け、いきなりギンギンに勃ちまくった快作であり、一方『ブラックパンサー』は、マーベルのラインナップの中でも飛び抜けて変わった作品で「そら恐ろしいような未来型のブラックスプロイテーション映画であり、ブラックムーヴィー界を飛び越えたブランニュースクールである」と評価できる。

AAもBETAも、公民権法制定ジャスト50周年である2014年にはブラック・ムーヴィーは寧ろ鋭意製作中で、明けて15年（因みに、本作でも一部クリアランスされて引用される、KKK〈クー・クラックス・クラン〉ルネッサンスを推進した『國民の創生』〈1915年〉からジャスト100周年に『グローリー／明日への行進』が独り暴れしつつも今ひとつ（作品賞受賞は、協会員によるアンチ・トランプの側面もあったかなかったか、メキシコ系アレハンドロ・ゴンサレス・イニャリトゥの『バードマン』）16年はブラック・ムーヴィーなく、白人によるカソリック教会告発映画『スポットライト』が作品賞受賞、17年はジェンキンスと並ぶニュースクーラー、ピールによる佳作『ゲット・アウト』が、「今更オタクの市民権?」映画『シェイプ・オブ・ウォーター』に征され、記憶に新しい18年は、「ボニーとクライドが生き残ってボケたお陰様でムーンライトが壇上でラ・ラ・ランドをストライクアウト」事件があり、今年になだれ込んだ。別名「南北戦争は終わっちゃいない」映画の、新旧入り乱れた真の豊穣は、公民権法制定50周年から更に4年の熟成を必要としたのである。

ニュースクーラーがオールドスクーラーに対し、審美的でクールで知的でソフトタッチになり、場合によっては加重差別としてのゲイ感覚を持ち込むことは、音楽も映画も変わらない。本稿は『ブラック・クランズマン』の批評が目的なので詳述は避けるが、事をバリー・ジェンキンスだけに絞っても、前述の要素を総て持っており、ファンクやヒップホップではない、フランス近代の様な音楽と、ブラックスキンを光学的な新しさによって照らし直し、ゲイ感覚満載のシルキーでカラフルなソフトタッチと、まるでフランス映画の様な美しく可愛い衣裳(『ビール・ストリートの恋人たち』の「恋人たち」は、あきらかに『ロシュフォールの恋人たち』に起因しており、作品自体の骨組みと、画面の質感は『シェルブールの雨傘』に近似している)、しかし内包されている怒りは震えるほど。うっかり「マイルスの音楽みたいだな」と口走ろうとすると、なななんと実際に『カインド・オブ・ブルー』が、思ってもいない、審美的なセンスで引用されるという有様。

こうした、伝統を踏まえたニュースクーラー、頭のイカれたブランニュースクーラー（だってこのタイトル、そしてちょっとしたワンシーンが示す事と言えば「連合赤軍」って名前の善玉ヒーロー集団が出て来るエンターテインメント大作。みたいなモンだからして）に対し、オールドスクーラー、スパイクが立ち上がった。ストーリーは検索すれば嫌っちゅうほど読めるから1文字も書かないが、デンゼル・ワシントンの倅は、真剣な顔して走ってるだけで笑わす最強のブラックスプロイテーション俳優だし、バディ役のアダム・ドライヴァーも手堅く達者で、前述『國民の創生』だけでなく、クラシックス『風と共に去りぬ』（1939年）や、極端にエグイ、デモ行進中の、自家用車による轢殺事故を撮影した素人スマホ映像や、KKKのウィザードがトランプ支持を明言するニュース映像までが不用意かつ乱雑にコラージュされる、オールドスクーラーのお手本みたいな映画だ。何せ、この、実話を基にした脚本の映画化権は、他ならぬピール（黒人化／バージョンアップした松本人志）が持っていて、コレはスパイク向きだと監督を依頼したのだから。

唯一の悪点は、テレンス・ブランチャードのOSTが、ブラックスプロイテーション映画のパロディなのか、社会派のシリアスでリアルな感触なのか腰が引けて全然スッキリしない所、一方でせっかくのソウル／ディスコ／ファンク・クラシックスの、出のタイミングがグルーヴ悪く、腰が動いたり首を突き出したりが気持ちよく出来ない点で（ゴダールみたい）、これ実は『ドゥ・ザ・ライト・シング』（1989年）から始まっている「スパイクは実は真面目なシネフィルで、音楽的にはノリ悪い」という、マルカムXにも似た（マルカムは青年期までダンスが踊れなかった。リンディホップのパーティーで、いきなり覚醒し踊れる様に成って、あのマルカムXになった）属性が、作品の性質上、目立ってしまってる所だけ。良いよそれでもプロフェッサーSP。『シャフト』よりも『夜の大走査線』よりも、何しろお前がオールドスクーラーだ。

（『TOWER RECORDS intoxicate vol.138』より加筆・修正）

追記　結果としてAAは最優秀作品賞にアンクル・トムの逆バージョンみたいな、心温まる『グリーンブック』を選択、発表された瞬間、スパイクは会場を出た。

『ムーンライト』
高い美意識で撮られた色彩豊かな黒人映画の誕生

インタビュイー＝菊地成孔（音楽家・文筆家）　取材・構成＝島晃一（DJ・ライター）

以下は、本章で唯一のインタビュー記事である。本来、他の批評とのリージョンを揃えるために書きおろすべきだったかもしれないが、敢えて（加筆修正を加えた上で）この記事を採録する事にしたのは、ひとえにインタビュアーである島晃一氏と著者のグルーヴがとても良かったからである。しかし、最後の最後にあるように、我々の長いブラック・ミュージック談義は媒体の性質上全てカットされている。

＊

今年（2017年）の米国アカデミー賞で三冠に輝いた『ムーンライト』。ブラッド・ピット製作総指揮の下、長篇二作目となるバリー・ジェンキンス監督が、一人の黒人ゲイ男性のアイデンティティと、コミュニティの価値観との葛藤を三部構成で描く作品である。アフロアメリカンのカルチャーに詳しく、最近、ウェブサイト「リアルサウンド映画部」掲載の辛辣な『ラ・

ラ・ランド』評（※追記1）が話題を巻き起こした音楽家・文筆家の菊地成孔が「ムーンライト」を語る！

今年度のアカデミー賞のキナ臭さの中で

――『ムーンライト』は今年度の米国アカデミー作品賞を受賞しましたが、受賞作発表の際にハプニングがありましたね。

菊地　たぶん米国アカデミー賞設立以来の珍事ですよね。もっと早く止められなかったのか、という感じですが、『ラ・ラ・ランド』勢に作品賞の受賞スピーチ（※追記2）までさせておいて、途中で『ムーンライト』が受賞と訂正された、っていうのは、戯画的な意味で言えば、ですが、「勧善懲悪」ですよね（笑）。『ラ・ラ・ランド』に感動した、という方々には――二重の意味で――気の毒ですけど、そうとしか評価できません。『ラ・ラ・ランド』は映画としては現代的な出来損ないで、「リアルサウンド映画部」で指摘しましたけど、とはいえ、出来損ないが有り難がられてしまう。という話は文化が出来た時からあると思いますから、珍しいことではない。今年度のアカデミー賞は、『ラ・ラ・ランド』だけが「本命」として飛び抜けていて、あとはみんな「大穴」で対抗馬がいない、という下馬評でした。

それで、『ラ・ラ・ランド』のデイミアン・チャゼルは、本人自身はアカデミー監督賞を最年少受賞という栄誉に浴していながらにして、作品のほうは途轍もない「上げ下ろし」に遭うっていう。それはもうチャゼルのデモーニッシュな力っていうか、チャゼルはそういう、嫌な感じの大きな捻れを起こしうる才能のあり方だと思います。実は『ムーンライト』はさっき観てきたばかりなんですけど、事前に観ていたら、「『ラ・ラ・ランド』には取って欲しくない」というレベルから「どうせ取るわけがない」という風に受賞予想が変わっていたでしょう。こんなに凄い作品だと思っていなかった（笑）。

まあ『ラ・ラ・ランド』誤発表騒動は置いておいて、アカデミー賞が「ホワイトオスカー」って言われて多民族国家アメリカの賞なのに、ノミニーにおいて人種の多様性の欠如が指摘されたのが2年前の2015年でしょ。あの年は公民権獲得50周年の翌年だったけど、黒人の受賞は、『グローリー／明日への行進』でコモンとジョン・レジェンドが主題歌賞を獲っただけだった。パフォーマンスの後のコメントはガチでしたけどね（※追記3）。同年次いで翌年、つまりメキシコとの国境に障壁を作る、と言うような大統領が就任するジャスト1年前に、メキシコ移民のアレハンドロ・ゴンサレス・イニャリトゥが『バードマン あるいは（無知がもたらす予期せぬ奇跡）』と『レヴェナント 蘇りし者』（2015年）で二年連続で監督賞を獲ってスターになって、ステージ上で「アメリカは移民の国だ」と言った。そして、今年はアフロアメリカンの人たちをみつめた映画がアカデミー賞で多数ノミニーになっています。NASAの黒人系女性スタッフを描いた『ドリーム』（2016年）とか。

また一方で、チリの監督が撮った『ジャッキー／ファーストレディ最後の使命』っていう典型的な移民映画が過小評価されています。監督がチリ出身、主演のナタリー・ポートマンはイスラエル出身、音楽がユダヤ系イギリス人っていう多国籍の人々がアメリカンドリームであるところのJFKの映画を撮るんだ、と。この作品は本当に素晴らしいし、僕が音楽家としてジャッジする限り、今年のアカデミー作曲賞は『ジャッキー』のミカ・レヴィが間違いなく一番いいんですけど——イギリス人のまだ若い女の子ですよね——とまあ、一言で言ってキナ臭いわけです。悪い意味ではなく、権威とはそういうもので。ところがそんななか『ムーンライト』は所謂「ブラックムーヴィー」の歴史を塗り替える、相当な名作で、ニュースクーラーの誕生だと思いました。権威の伏魔殿を作品の力が弾き飛ばした印象です。

色彩豊かな黒人映画の誕生

——『ムーンライト』の中身に入っていきたいんですけど、まず、カラリストの存在が話題になっています。ポストプロダクションで色彩を加工してシュールなほどに綺麗な色彩を見せる、という。

菊地　撮影賞は、『ラ・ラ・ランド』が受賞したんですよね。でも、断然『ムーンライト』が撮影賞でしょう。まあ、アカデミー賞とグラミー賞は、賞の種類が滅茶苦茶多いから一般的に映画の作品中枢である、たとえば「演技」とか「脚本」も素晴らしいんですけど、この作品の成功は、「色彩豊かな黒人映画を誕生させたこと」だと思うんですよ。黒人映画は大体色味が決まっていて、全体がくすんで黒っぽい画面の中を、ダークスキンの人たちが右往左往していているっていう。それがクールでドープというのが定番になりすぎていて、構造疲労を起こしていた。そこに、高い美意識をもって新しい色彩感覚を与えたのがこの映画で、しかも、着色が撮影監督の思いつきとかのレヴェルじゃなくて、キーになる台詞とリンクしている。黒人の肌を後からテクノロジカルにブルーに着色して、「月明かりでお前はブルーに輝く」っていう、一行のすごく詩的な台詞が全体を律している、っていう。あれがどのくらいの伝承性がある言葉なのか、民話みたいなことなのかは、僕らには知る由もないですけど。

『ムーンライト』は主人公・シャロンの少年期から30代前半までの人生が三つのパートに分けて描かれています。少年時代を描く第一部と16歳の高校時代を描く第二部は、ピンクとかブルーの鮮やかさとか、驚くべき色彩感覚ですよね。どうみてもアンリアルな光になっている。つまり、一部、二部は「回想」の領域だから、自由に色調整をしている。それが、成人したシャロンを描く第三部は「現在」だから、調整されていないリアルな色調になるっていう。そこだけ、一般的な黒人映画の感じなんですよ。その色彩の構成は、すごいと思いました。バリー・

ジェンキンス監督はプレスシートのインタビューで奇しくも、ジャン＝リュック・ゴダールやウォン・カーウァイといった色彩豊かな映画を撮る監督たちのことを口にしていましたけど。そういう感覚は、黒人映画の前例を挙げると、スパイク・リーがオールドスクーラー（※追記4）なんですよね。

――スパイク・リー監督もビビッドな色使いですよね。背後の壁がやたらと赤かったり、服が真っ黄色だったり。

菊地　そうそう。基本色が黒だっていうことによって、色が豊かに溢れ出してくる。宝石箱の中地って黒いでしょう。それは中南米やアフリカの服飾文化などを見ればわかるから、〈色彩豊かな黒人映画〉というのは、イマジネーション的にはそんなに難しいことじゃないんだよね。だけど、スパイク・リーの目やカメラっていうのは、ドキュメンタリストのそれだし、オフェンシヴなレイシズムで、アフロ～ラテン・カラーっていうのを、文字通り、カラー＝原色的色彩でガンガン押してきた。あの原色は国旗や民族衣装の色です、つまり現実からの写しな訳で、hip-hopが言う所の「リアル」そのものですよね。しかし、『ムーンライト』の「回想」パートはなんせ後から着色しているし、リアリズムのカメラじゃない。実際あんなネオン管の、クラブみたいな色のアパートメントはないわけで。そこに大胆に色をつけて、「現実」になっていくにしたがって色がリアルになっていく、っていう色彩効果の切り替わりがちゃんとコンセプチュアルに――ある種、ニュースクーラーとして狙いと意味がわかり過ぎるほど――デザインされてるんですけど、コンセプトを超えるレヴェルの効果が出ていて。

「反ヤオイ」方向の「大人の映画」

――一転して「中枢」の話になりますが、ストーリーはどうでしょうか? タレル・アルバン・マクレイニーの未発表戯曲を監督のバリー・ジェンキンスが脚本にし、アカデミー脚色賞を受賞しました。

菊地　オールドスクーラー的な、「アフロアメリカンへの差別のカウンター、その勢いでパワフルに作った映画」と云うのはシンプルで強いですが、飽きが来たり、娯楽映画ですから、実際の差別撤廃への力が政治性と直結せず、屈折せざるを得ない。hip-hopと云うカルチャーは、物凄く乱暴に言うと、黒人文化の中で、この二者――「娯楽」と「具体的な社会の改変」――をトゥイストさせずに、ストレートにつなげようとした物、ですが、やはりオフェンシヴでパワフルであることには変わりません。これまた非常にシンプルに言うと、脚本が一本調子になりがちです。

これは黒人映画に限ったことではありませんが、「脚本=物語」の更新、は、テクノロジーの更新と並ぶ、映画を進化させる両輪ですが、前者は立ち遅れています。ここ最近で、それがまとめて動き出した。『ベイビー・ドライバー』や『スリー・ビルボード』は、イギリス人が作ったアメリカ南部の話で、しかも脚本がネクストレヴェルに上がっています。戯曲を書いていた筆が脚本を書く、これは総合格闘技に於けるボクシングやアマレス経験者の強さの質、もしくは、オーソン・ウェルズまで遡れる話ですが、20年代に向けて、必ずテクノロジーに対する遅れを取り戻すと思います。

その潮流の中で、ニュースクーラーとしてのバリー・ジェンキンスや、『ゲット・アウト』のジョーダン・ピールが健筆を振るうでしょう。ストリート上がりのリアルも結構ですが、一流大学でちゃんと芸術を学んでる黒人たち——その中には、ピールのように、直接スパイク・リーの薫陶を受けた者もいますが——が、白人の力も合わせて、ネクストレヴェルをすごくクールに作った。ネットか何かで「意識高い系の黒人映画なんか要らねえ」という声を見ましたが、これは新世代に対する絵に描いたような恐怖であって、とても的を得ています。どんでん返しのような事は何も起こさずに、アメリカの、特にアフロアメリカンの中にあるホモフォビア（同性愛、同性愛者に対する恐怖感、嫌悪感、「自分が同性愛者になってしまうのではないか？」と云う、予期型の恐怖）をしっかり基盤に置きつつ、少年がゲイに育っていく過程もきっちり描かれている。

全体的に染み渡るような映画で、ショッキングなところはない。本当に図式的なストーリーなんだけど、知的な操作として、マイノリティの中のマイノリティを扱うためにアフロアメリカンのゲイとしてシャロンという主人公が出てくる。彼がゲイになる直接的なトリガーは、バイの友達だけど、父性に飢えているシャロンに対して、裸のスキンシップをするのが、彼に泳ぎを教えた「代理父」ファンで。最初から、この子がゲイになる方向がタグ付けられてる。

――そのシーンにはキリスト教の「洗礼」のイメージもありますね。

菊地　「入滅」「浄化」「洗礼」のイメージが集合的にある。水に沈めて上げる。で、「ここが世界の中心なんだ」っていうね。この作品が基調としている静謐さや深遠さの象徴的なシーンでしょう。この映画で小さなショックがあるとすると、第三部で、それまでやせっぽちだった主人公がマッチョな男になっていることですよね。ミニマルなトーンの中に置かれたこのショックは、ショックの位置も、ショックの大きさもエレガンスというほど完璧で、静かです。これは映画でよくある手だけど、自分の「代理父」の意思を継いだという流れですが、母親の愛に恵まれなくて実質的な孤児のシャロンが、「代理父母」に出会う。ゲイ感覚溢れる作品の中で、ゲイ――だけではありませんが――と強い関係がある「母性」の象徴としてちょっとだけ登場する、シンガーのジャネル・モネイも本当に素晴らしい。とにかく、懐石料理のように、ちょっとした登場人物も、丹精込めて描かれており、非常に豊かな画面が、ミニマルミュージックのようなストーリーを奏でています。

「代理父」である売人のファンと同じ職業、そして、体格まで同じマッチョなルックスになる、と云う同一化は、神へのそれと同格にあり、「「洗礼」と「浄化」を施した「代理父」は「神格」にいて、シャロンを律している」と云う、よくある流れが、まるで初めて聞いた話のように瑞々しく見せる。お定まりの話が淡々と進んで行くんだけど、それが、さっきも言ったような新鮮な色彩をもった映像で語られていくところにこの作品の真骨頂があると思います。シャロンが内向的ということもあるけど台詞もミニマリズムになっていて、黒人映画の常套句である、HIP HOPのバトルのような演説合戦がない。かといって、気取り腐ったミニマリズムで脚本を書いた感じではなくて、一個一個の短くてリアルな台詞が無駄なく効いている。そういう意味でも傑作だと思いますね。

映画評で『ラ・ラ・ランド』のことを「ヤオイ」（「ヤマなし・オチなし・イミなし」）と書きましたけど、現代の映画では、省略を利かせるためのエディットなのか、刺激を手っ取り早く得るためのエディットなのかっていうのが問われています。刺激を手っ取り早く、麻薬のように提供するエディットは反物語、「ヤオイ」に向かうし、一方で、エイゼンシュテインの頃から言われている、物語を効果的に見せるための冗長性の排除、という原理がある。『ムーンライト』は「反ヤオイ」方向の「大人の映画」という感じがしますよね。お菓子をいきなりガツガツ食わない。

——第一部でファンを演じたマハーシャラ・アリがアカデミー賞の助演男優賞を受賞しました。

菊地　本当に素晴らしいですね。堂々たる助演男優賞という。この映画では、全員ありきたりな人を演っているんだけど、まったくありきたりに見えないっていうか、人間を描くって言うのはそういうことで、類型的な人物なんだけど、その人の体温とか、その人のまなざしとか、その人の個性っていうものが、並々ならぬリアリティで伝わってくるっていう演技を全員がしてるから、ありきたりなのに、一人一人が個人としてみえてくる。それに、今まで黒人映画っていうのは、構造的な齟齬があって、黒人の社会を、白人や世界中に見せるとなった時に、スタッフもキャストもなるべくストリート出身者を入れようとしていたけど、プロデューサーは白人だとかね。『ムーンライト』はそこに決然と答えを出した感じがします。本当にマイノリティが抱えている問題を描こうとするなら、映像や文学の教育を受けた黒人が、文学性の高い脚本で、質の高いお芝居をすれば、遥かに強いんだ、っていうメッセージも入っている記念碑的な映画なんじゃないでしょうか。非暴力主義とも言えます。

アフロアメリカンカルチャーの成熟

――音楽についてですが、ニコラス・ブリテルのオリジナルスコアはどうですか？

菊地　彼も実に素晴らしいです。最初に言わないといけませんが、彼は白人です。アレクサンドル・デスプラなどと並び、現代のルグランに成りうる才能ですね。本作ではアカデミー賞最優秀作曲賞のノミニーになっています。これも、第一部、二部っていうのは、ロマンチックではない、響きの厳しい現代音楽がとても美しく鳴っている。美っていうものに対するデリカシーがすごくて。本人は「オーケストラのチョップド＆スクリュード」と言っていますが、要するに編集による大胆な切り貼りで、オーケストラ音楽をHIP HOPのトラックのように扱っています。

で、黒人映画なのに、ヒップホップが鳴らないんだと思っていたら、三部で一転してソウルとヒップホップが流れる。ここからニコラス・ブリテルだけではない、映画へのＤＪとしてのミュージカル・スーパーヴァイザー（既成曲を作品に当て込み、クリアランスまでする仕事。オリジナルサウンドトラックの作曲者とタンデムになることが多い）の仕事で、これはブリテルが兼任しているか調査中ですが、現実音として車載のステレオから流れたり、ダイナーのジュークボックスから流れている。そこで選ばれている曲がもう、センスから時代考証から、何から何まで完璧で

（笑）。

――ダイナーでは、再発・発掘レーベルが出したマニアックなソウルが使われています。また、ブラジルのシンガーソングライター、カエターノ・ヴェローゾの曲も少し使われていますね。

菊地　そう、カエターノがちょっとだけ出てきますよね。合衆国、特にこの場合サウスの（舞台がアトランタのため）R&BやHIP HOPだけではなく、南米への目配せもある。そもそも「月明かりで黒人の肌は青く見える」っていうのはキューバの話として出てくる台詞です。本当に音楽の趣味もセンスもいい。しかも、全曲そうですが、丸々流そうとはしないで、曲尻をブチッて切る。これは穿った見方だけど、いい曲が流れてもっと聴きたいなって思うと、バッと切ってハッとさせるブレヒト的異化効果という意味では、インタビューで監督が言及しているゴダールの影響があるんじゃないか（笑）。でも、出し入れにまでこだわり、選曲自体もマニアックな、つまりDJカルチャーにコミットした感覚は、ゴダールにはなく、むしろ大胆な選曲で楽しませるウォン・カーウァイの方に近いですが。

――ブラックムービーはブラックミュージックと共にあるというか、同時代性がありますよね。70年代のブラックスプロイテーション映画とソウル、ファンク、90年代のフッドものとヒップホップ。あくまでも印象なんですけど、『ムーンライト』は、フランク・オーシャンのような新しい世代のブラックミュージックと呼応する映画かな、と。

菊地　黒人の中のゲイ、つまり二重のマイノリティであるフランク・オーシャンと、『ムーンライト』の主人公とが直結するということだけじゃなく、あの異様な色彩感とかアンリアルな感覚はたしかに共鳴しています。フランク・オーシャンのアルバム、『CHANNEL ORENGE』（2012年）ってジャケットがオレンジ色で、中を開くとネオン管がいっぱい出てくる。『ムーンライト』の色彩感覚と似ていますよね。そして、大変なインテリジェンスの持ち主で、ストリート上がりのラッパーの「俺はやってやる」っていうリリックとは違って、すごく文学的で……ってブラックミュージックの話をずうっとしちゃっても、『キネマ旬報』読者がどれだけ興味持つかわからないので、この辺にしますが（※追記5）。

でも、フランク・オーシャンの登場も『ムーンライト』の登場も、一言で言えば「アフロアメリカンカルチャーの成熟」っていうか。ゲイっていう問題も飲み込みながら、長い間、「被差別とそれに対するアゲインストのエネルギー」でしか動いていなかったのが、「被差別者が高い美意識を持ってリアルもアンリアルも縦横に使ってミニマルに語るんだ」というレヴェルに来たな、と。『ムーンライト』はそういう意味で素晴らしいし、シネフィルのリテラシーと、ブラックミュージックに関するリテラシーがないとこの映画はわからない、と言ってしまいそうに成りますが、全方向的に非常に良くできているから、誰だって感動する。前述の「意識高い系の黒人映画なんて要らねえ」という批判の声も、感動を意味しています。駄菓子の強さから懐石料理の強さに移行した。と言えるでしょう。

（『キネマ旬報vol.1744』２０１７年4月下旬号より加筆・修正）

追記1　この部分は、掲載誌である「キネマ旬報」の編集者による、ごく普通の、記事に対する惹句に過ぎないが、あえて重箱の隅をつつくならば、全く辛辣ではない。とても紳士的に、事実を正しく酷評しただけである。

追記2　ギリギリで追記の必要がないほど有名な事件になってしまったが、要約すれば、「最優秀作品賞のプレゼンターであるフェイ・ダナウェイとウォーレン・ベイティ（言うまでもなく『俺たちに明日はない』（１９６７年）のボニー・パーカーとクライド・バロウ）のコンビに手渡される筈のエンベロープが、スタッフの手違いで、最優秀主演女優賞（『ラ・ラ・ランド』のエマ・ストーン）のそれと入れ違っており（主催者側の説明では「バックアップ用のもの」。でないと、先に受賞されている主演女優賞と「入れ違っていた」等と言うミスはあり得ない）、ベイティは一瞬「あれ？　これは……」と言う感じでたじろぐが、ダナウェイが自信満々に「作品賞受賞は……、『ラ・ラ・ランド』‼」と言い切ってしまい、『ラ・ラ・ランド』勢が壇上に上がり、どんどん感謝のスピーチをリレーしている中、インカムを付けたスタッフが、尋常じゃない表情で壇上に上がり「これは間違いだ」と言って、会場騒然とする中、「正しくは、『ムーンライト』」とアナウンスされ直され、『ラ・ラ・ランド』勢は壇上から降りる。と云う、完膚なきまでの珍事。これまた、辛辣でも毒舌でもないが、『ラ・ラ・ランド』が抗議して掴みあいになるとか、粘着的にクレームする。と云ったことが全くなかったのは、紳士的、あまりの事故の大きさに呆然、と云う側面もあるにはあるだろうが、内心「まあ、そんなん当たり前だよな」と云う気持ちがあったからだと予想している。第一章にある通り、著者はゴールデングローブ賞の審査団体「ハリウッド外国人記者協会」を全く信用しないが、その理由は、アメリカ映画のオールタイムベストの14位に『ラ・ラ・ランド』を入れているからである。しかしこれは「あん時、気の毒だったなあ」とか「アカデミー賞とウチらは違うからね」と云った側面でそうしている、と判明すれば、信用は回復する。

追記3　著者の記憶違いで、同年のBETAでの発言だったかも知れないが、「公民権運動の頃より今のがずっと酷い。監視カメラは公民権運動以前より10倍増えた」「デモに参加できない。撮影され、顔認識され、ブラックリストに乗るから」等々、著者はブラックミュージックのマニアでもあるが、元々が悪童面であるレジェンドだが、あんなにゴンタくれた輩面（やからずら）の状態は見たことがない。そして、アワードに特有の「はい、時間ここまで」タイムが来ると、カーテンが開き、山頂をモチーフにしたセットの中央に立ったレディガガが出てきて（この点はアカデミー賞授賞式。オマーとジョン・レジェンドは、アカデミー賞授賞式、BETA授賞式の両方で、「グローリー」をパフォーミングし、どちらでも激しいMCをした）「はいはい、ニガーがキレる時間はおしまいよ」とばかりに、「サウンド・オブ・ミュージックトリビュート」を、完膚なきまでに見事なパフォーマンスによって、オマーとレジェンドのガチな怒りを、「賞＝ショーの中での多様性」と云う落とし所に（結果として、だが）落ち着かせ、要するにヒリヒリするリアルを完全に潰してしまった。第一章「アリー／スター誕生」批評を参照のほど。

追記4　意訳は「旧世代」「第一世代」など、いくらも与えられ得るが、「スクーラー」は、少なくとも音楽では、HIP HOP界のジャーゴンで、服装や態度など、音楽性の世代区分を指す。筆者は、ブラックムーヴィー、特に、HIP HOPミュージックの誕生以降の作品に関しては、音楽用語（スクーラー、イル、スキルフル、フロウ、パンチライン、ヴァース、フック、ネタ、ミックス、等々）を積極的に使用しているので、映画ファンに「何が書いてあるのかわからない」と評価されることも多いが、著者は「HIP HOP映画を鑑賞したり、増してや批評したりするのであれば、大元のHIP HOPミュージックについて熟知せよ」等とは毛先ほども思っていない。映画とは、描かれているジャンルの事は、むしろ知らない方が良いと云う立場である。というか、「専門家の解説」を読んで、仮に映画への知識的な理解が深まったとして、それによって映画の見方が根本からガラッと変わった経験があるか？　或いは、そうなったとして嬉しいか？映画の醍醐味はバックヤードの理解ではない。観客は完全な無教養者である事が最も幸福だし、（具体的なジャンルの）解説者は基本的に虚しさと共にあるべきだ。でないと、フランス映画は、フランス語を理解しないと、観たことにならなくなってしまうし、日本語しか出てこない日本映画を、日本人が観たとしてもまだ、理解できない事がある、と云う状態を批判的に捉える強制力も出てしまう。映画は情報的に理解するものではない。

追記5　インタビューと構成の島晃一氏は、大変なブラックミュージックの有識者で、このインタビューは途中、ブラックミュージックの（特に、古いソウルの）話が止まらなくなったのだが、媒体の性質もあり、ほとんどが割愛されている。「WAX POETICS JAPAN」だったら本稿のヴォリュームは倍に成ったであろう。

『イメージの本』
孤独の神ジャン＝リュック・ゴダール最新作
私たちに未来を語るのは〝アーカイヴ〟である
――ジャン＝リュック・ゴダール

「次回作に関するデマ」という最後の想像界

今、ＳＮＳによって奇形的に肥育されたエビデンス社会で孤塁を守っているクリエイターはゴダールしかいませんし、ゴダールが死んだらもう誰もいないでしょう。ゴダールは、膨大な引用（映画、ＴＶ番組、書籍、音楽）のクリアランスをしていません。それが、そのこと自体が、ゴダールの、意図しない完璧な反資本主義、反市場主義だとゴダール自身は恐らくわかっていません。『イメージの本』（２０１８年）は、そのことの、最低でも一度の完成を意味している、と言えます。

新作の０号試写が終わった段階で、「（誇張され、歪曲された）噂話」が伝わってくるクリエイターも、今やゴダールしかいません。『ゴダール・ソシアリズム』（２００９年）の時は「監督８人体制で、YouTubeでしか公開しない」と、まるで『ROMA／ローマ』（２０１８年）の先駆のような、実しやかな噂が流れてきました。それはさすがに嘘だろうと思っていたら、あの驚異のトレーラーがYouTubeにアップされ、噂は誇張されているけど、だからと言って完全な嘘でもなかったし、何せ、「豪華客船で盗撮＝写り込んでいる人々の顔がぼかされていない＝肖像権の完膚なきまでの侵害」という、『イメージの本』に直結する「意図せず到達した反市場主義／社会主義」という無意識的なミッションを実行していました。

そして『さらば、愛の言葉よ』（2014年）の時は「大変だ、次のゴダールは3Dらしいよ」という、神の子ら誰もが飛び上がって喜んでしまいそうなバカバカしい法螺話が飛び込んできたと思ったら、それは何と事実でした。ちょっと寂しかった（ゴダールの新作に関する噂までが、単なる正しさだけで伝えられるなんて）けれども、映画は、全然飛び出す必然のないものばかりが飛び出して、最高でした。「映画において、飛び出す必要性とは何か？」とゴダールは明らかに訴えています。「そんな必要性などないのだ」。本当に素晴らしかった。

そして本作、『イメージの本』に関する噂話は、こう云うものでした。〝人間は1人も登場せず、セリフは全てAIが喋る。ゴダールが今ハマっている事は、自分が書いたセリフをAIに喋らせる事で、ファブリス・アラーニョがゴダールの独白やタイプ打ちを片っ端からスマホに突っ込んでいる〟という、これまた小躍りしそうになるほど素晴らしいもので、もうこの際、それが全部、単なる事実だって構わない、もうそういう時代なんだし、そして、こんなに面白い話があるか。と、ワクワクしていたら、これは懐かしの、誇張された、というか、戯画化された噂話でした。

人、少なくとも俳優はゴダール以外出てこない（ゴダールすらほぼほぼ出てこない）。そして、ＡＩの件は完全な揶揄的諧謔でした。ゴダールが延々と自分で喋っているからです。それは、時に噛み、時に痰が絡み、時に激昂すらする。恐ろしく生々しいもので、しかも休まず延々となので「ＡＩが喋ってんだ」と、揶揄されたのでしょう。

キーパンチする5本指（キーパンチは明らかに10本指だと思いますが・笑）、5大陸、5感、5つの文化的始原（このうちガチなのは「指入力＝言語＝映像」だけで、あとは盛られた虚仮威《こけおど》しだと思います。ゴダールはブレヒト演劇やあらゆる書物に倣って2時間の映画を章立てにする体質的と言って良い執着がありますが、今回もそう云ったものです）などに倣い、五節からなる『イメージの本』の第一節は《リメイク》といいます。

そこでは〝アレはコレのリメイクだ〟とでも言いたげな（『ジョーズ』〈1975年〉のホオジロザメの顔面は、二次大戦の爆撃機〈フライング・タイガース〉の機体プリントのリメイクだ。とか）あるいは、何を言いたいのか全くわからない、わかることといえば「前作からスマホを手にしたから、スマホのワンフィンガー・エフェクトを使いまくってるな」というだけの、それはそれは死ぬほど美しいコラージュが延々と続きますが、本作のために撮影され、使用されたフィルムは恐らく30秒に満たない。そして、コラージュだけで出来た本作のナレーションは、前述の通り、ほぼほぼ全部ゴダール。

ですので、「『イメージの本』って、どんな映画？」という極めて雑な質問には〈映画史の単品版〉が、あんまり面白くはないけれども、模範回答と言えます（全8本の『映画史』を1本にまとめた『映画史特別版 選ばれた瞬間』〈2004年〉とは、出来もリージョンも違いすぎます）。

ただ、『映画史』よりも、モンタージュ技術のデジタル化によって、チョイスされた素材（映画、TV番組、書籍、音楽）の膨大な数と選択センス（映画史に残る名作から、VHSで録画されたであろうTVのドキュメンタリー番組、パレスチナ圏のTVドラマや、ポルノムーヴィーまで）、デジタル編集（下手したら全部スマホ）というよりセリー音楽のような、その繋がり、何よりかなりオーヴァー・ドライヴなエフェクト効果（有名な作品の有名なシーンが、ハレーションで何が写っているかわからないぐらいに真っ白になっている、etc）等の総合力において、『映画史』全巻を遥かに凌ぐ完成度と歪んだ美しさを誇っています。

ゴダールは時にロックギターのような歪み（ディストーション）を奏でますが（『右側に気をつけろ』〈1987年〉『ゴダール・ソシアリズム』〈2010年〉『ゴダールのリア王』〈1987年〉等は、〈ゴダールのディストーション系〉とか〈ゴダールのロック映画〉と括ることが出来るでしょう）、本作のデジタルノイジーな感触はトータルセリエリズム音楽（＝総音列主義。音だけではなく、何かが並んでさえいればそれは作曲や演奏を意味すると言う極論にまで至る音楽のコンセプト）やミュージックコンクレート（テープからコンピューターまで、具体音を並べるだけの音楽）との、余りに近すぎる構造と、リングモジュレーターやディストーションやディレイといった、基本的かつシンプルなエフェクターで電子音を加工する、ライブエレクトリックのアシッド感との融合があり、いわゆる「現代音楽」の2大手法との即物的な構造近似によって、かなり音楽的な映画、と言う事もできるでしょう。

この部門では、ゴダールは間違いなく世界一でしょう。ただ、公にこの競技に参加できるのはゴダールだけなので、ゴダールは、対戦相手のいない競技で1位を獲り、そしてカンヌでは、パルムドールより上の〝スペシャル・パルムドール〟という、英語とフランス語が混じっちゃってる事からも明らかかな、かなり雑な権威（なんか、ラスボスを倒したら、「実は奥に超ラスボスが居たんだもんねー」みたいな、若干、児戯みたいなところのある幼稚な権威ですよね。ホール・オブ・フェイムみたいな名誉賞でもない訳ですから。以降、ゴダールが出品した年のパルムドールは、自動的に、実質準パルムドールになってしまう）の座にすわりました。

なんという孤独でしょう。カリーナと並び、存命中のヌーヴェルヴァーグ・トリコロールの一角、ルグランも亡くなりました。

世界中の人々、ホームレスぎりぎりの人までが、路上で寝ていて、警官に揺すられ、ポケットからスマホが落ちてきたりするこの時代に、ゴダールの果敢なスマホ使いは、アマチュアと同じテクノロジーを使って天才性を見せつける、ヌーヴェルヴァーグ時代から全く変わらないゴダーディズムです。しかし、繰り返しますが、「名画をエディットして、スマホの中で加工する」なんて、誰にだってできる、代わりに、誰にも発表できないわけですから、ゴダールの天才性は、どんどん孤独になってゆきます。

「ECM使い放題」VS「ミュージカル・アドヴァイザー」

そもそもゴダールは80年代に商業映画に復帰してから、ECMレコード創設者のマンフレッド・アイヒャーから、ECMの全ての音源の使用許諾を貰い、以後「ECM映画」と揶揄されるほど、ECM音楽ばかり使うようになりました（その極点が『愛の世紀』〈1999年〉です）。それより前（ヌーヴェルバーグ期から社会主義映画になるまで）は映画音楽の巨匠と仕事をしても、上手くいきませんでした。さらに前（実質上のデビュー作『コンクリート作戦』〈1954年〉）には、部屋にあったバッハやモーツァルトやベートーヴェンを適当に流していた（&フェードアウトできず、自分で針をあげてブツっと切っていた）筈ですから、初心に戻ったとも言えますが、こうした流れの中、ゴダールは権利の侵害について、ズルズルになったと思います。

ゴダールは60年代から、〈抜粋と引用は異なるものであり、芸術的・商業的利益を引き出すための「抜粋」に謝礼を払うのは当然だが、それとは別に批評的な「引用の権利」というものがあるのだ〉と強弁し続け、〈『映画史』をTV放映しても誰も何も言ってこなかった〉と発言しました。その後、権利の侵害で告訴され、敗訴していますが、これは挿話としても小さすぎるので詳述はしません。そして今や、あらゆるクリエーターから「ゴダールに引いてもらえるなら光栄」ぐらいの玉座に座っています（まだフランス公開の目処が立ってないらしいので、ひょっとすると何かが転倒したのかもしれません）。リア王であり道化でもある。

一方、合衆国が今、禁酒法時代や大恐慌時代と似て、倫理観が病的に厳格になっている事はどなたもご存知でしょう。やっと固まった肩書き名「ミュージック・スーパーヴァイザー」ですが、これはハリウッド映画に於いて、劇伴であるOST（オリジナル・サウンドトラック）とは別に、既成曲をDJのように選曲し、劇中に配置し、クリアランスまで請け負う仕事で、つまり現在の合衆国映画の音楽は、タンデム体制になっている訳ですが、当然これは、エンドロールの表記に於いても、極端に記述が厳格になり、出版元の明記は勿論のこと、何年の何というアルバムの何曲目、ぐらいまで書いてあるものが、一覧表になります。

そして、『イメージの本』のラストは、この〝一覧表〟しかし、その意味はハリウッドとは全く別の、〃文字列として純粋に美しい（ゴダールの〈フォントの美しさ〉は名人芸の域にありますし）〃とも〃アーカイヴを見せたかっただけ〃（タイトルにある「私たちの未来を語るのはアーカイヴである」と言うのは、本作の公開前に様々な媒体にアップされた、カンヌでのゴダールのインタビュー完全版の中の一節ですが、これもある意味凄い話です。日本の新聞にさえ掲載されました。ともあれ、その発言は、老境に入るにつれ、誰にもわかりやすい説教になって来ているのが、このインタビューでも、本編の止まらない喋りにも表れています。「一体、何が言いたいのか全くわからない」ご存知の自己韜晦的な難解さは、少なくとも本作ではかなぐり捨てられているかのようです）、とも言えそうな、純粋に審美的なものです。その一覧は、権利も現版も出版も関係なく、ただただ、名前と作者名が書いてあるだけです。そして、これは一部話題になっていますが、日本映画で唯一引用されている溝口健二の『雨月物語』（1953年）に関しては、リストアップされていません。これは議論や推測は要さないと思います。単に「ゴダールのアーカイヴ」は手書きで、ケアレスミスがあるようなものなのだ。という事でしょう。

「仇敵は似る」という詩的な現実がありますが、こうして、『イメージの本』のエンドロールと、一般的なハリウッド映画のエンドロールは、一見するだに見分けがつきません。この事は、本当にすごい。本稿で最も強調したいことです。ゴダールとハリウッド映画が、手に手を取って、とうとうここまで来た。という現実に圧倒されます。

他にも、第5節で描かれるアラブ社会に関する考察が、過去最高にロマンティークになっている事、引用にアラブ社会のポルノ映画まで召喚されている事、それがゴダール平均を遥かに超えて、直接的にエロティークである事、詰まる所、ゴダールの「難解さ」は、若気の至りみたいなもので、スイスのお爺さんになったら、シンプルにエロく、在り来たりの説教が止まらなくなっている、という事実を、どう受け止めれば良いのか？等々、語るべき箇所はまだまだ山ほどあるのですが、それは多くの語り部の方々に譲ります。

「連作化される遺作」という生への執着

こんなにも美しい画面なのに、試写会場で眠らなかった人は一人もいませんでした。それは、「お爺ちゃんの長話」がずっと続いている、つまり観客を、強制的に孫にさせられる力が強く働いているからでしょう。ゴダールは映画誕生100周年に際し「100年なんて大した長さじゃない。お婆さんを3代繰り返せば償却される長さだ」と言いました。これは、「曽祖父母（四代上）」という人物が事実上その存在を失いつつある、三代で全てが切られる＝祖父母になったら死ぬしかない社会に対する（まだまだ恥ずかし気とカマしがあった）警句と解釈する事も可能です。ゴダールはその最高位である「お爺さん」である姿を、本作であられもないほど見せつけています。『新ドイツ零年』（1991年）で寝るのと、『フォーエヴァー・モーツァルト』（1996年）で寝るのと、『イメージの本』で寝るのでは、睡眠の質が若干違う、と思います。

つまり、大変悲しいことに、ゴダールは遺作を連作化してしまっています。難しくて何を言っているかわからない言葉たちは消え去り、中高校生レヴェルの警句や人生観が飛び交います。「我々は誰でも世界的欺瞞の共犯者だ」とか「戦争は神聖で、だからこそ魅惑的」とか「対位法はメロディが和声を生む」とか「言葉より行動は常に早い」とか「記号論的に記号化には否認の強要性がある」とかいった、斜に構えたがりの神の子らがたじろいでしまうような、驚くべきストレートな言葉を含んでいます。お爺ちゃんから恥ずかし気が消えてゆく。

「流れ出したらブツっと切れる」ゴダールの音楽の扱いですが、本作は、ゴダール史上最短を記録しています。驚くべき速さで切れてしまう。それはまるで、鳴らしてはいけない、見てはいけない、言ってはいけない事を言いかけて、慌てて口をふさいだり電源を切ってしまう様に似ていて、我が国の倫理だと、公共放送に於ける女性の陰毛や、老人や嬰児の、事故的放尿に当たると思います。「わー！ 見えちゃう！」と言って、慌てて股間を隠すかの様に。ゴダールにとって、音楽とは何だったのか、とうとう自白してしまったかのようなドキドキ感がある秒感覚です。お爺ちゃんの無邪気な危なげが増してゆく。

堂々たる同一性を揺るがすように、画面は歪まされ、瞬間的にエロく、延々と続く説教は在り来たりで、功労と言える大きな達成があり、（おそらく）掌中で完成され、音楽は流れ出したたらもう切れてしまう本作は、死への抵抗と、その抵抗への更なる抵抗が悶絶する最後から何番目かの遺書、そのラストに引用されるのはマックス・オフュルスの後期代表作、『快楽』（1952年）の中の〝パーティーではしゃぎすぎて転んでしまい、顰蹙を買う男の悲哀〟です。

（『TOWER RECORDS intoxicate vol.139』より加筆・修正）

『月極オトコトモダチ』
パロディぎりぎりの引用は罠だ。
驚天動地のオチが素敵な音楽恋愛映画

不勉強へのお詫び

本作は、30代の女性監督、穐山茉由の長編デビュー作であり、第31回東京国際映画祭の日本映画スプラッシュ部門正式出品、〈映画×音楽の祭典「MOOSIC LAB 2018」〉でグランプリ他、4冠を獲得。という、ある種もう特に新鮮味もない作品プロフィールを持つ、異色の傑作である。

流し読みで一番気づかれないのは〈映画×音楽の祭典「MOOSIC LAB」〉であろう。歴史はそんなに短くもなく、２０１２年に始まっている。筆者はその存在自体を全く知らなかったし、従って、ここの出身者がプロのミュージシャン、乃至、インディーもしくは完全なアマチュアだがバズったりしている、といった話も耳にしたことはなかった（ところが調べてみると、筆者の楽曲をカヴァーしていたアイドルチームＢ·ｉＳが受賞していたり、大森靖子氏が受賞していたり、吉岡里帆氏が受賞していたり、当連載で批評したことがある『溺れるナイフ』〈2016年／同映画評は『菊地成孔の欧米休憩タイム』に収録〉の山戸〈結希〉監督が、ここのグランプリ受賞だったりした）。絵に描いたような不勉強であり、フェアネスとしてそのことを先ずお断りさせて頂きたい。本稿は委嘱原稿、即ち、「試しに見て欲しい」旨、「リアルサウンド映画部」側から頼まれて書いている。

デビュー前のアマチュア作家のコンペである「MOOSIC LAB」の縛りは、音楽をテーマにした映画であること以外にはなく、音楽家のドキュメントから、本作のような、脚本にがっつり音楽制作（アマチュアミュージシャンライフ）が絡んでいる作品まで、バラエティの広さは想像に難くない。音楽は映画の、恰好の素材の一つだ。

本作は、前述の通り、オリジナル脚本の中に、アマチュアミュージシャンが登場する（劇伴や主題歌作曲や編曲、歌唱は気鋭のプロミュージシャンが携わっている。筆者へのオファーは、その辺りへのきめ細かい言及も欲しい。といったことではないかと思う）。

ミッション1&2

グランプリ（ほか4部門）の受賞は伊達ではなく、本作は、良い意味で普通にとても面白い。再び良い意味で、「MOOSIC LAB」色というか、「あーねー、あのコンペの出品作ね」といったカラーリングは淡いか、あるいは全くなく、CSなんかで時折ある、特別ドラマのようなものの1本だと言われれば、納得してしまうであろう。

そして、ここで筆者が言う、「面白さ」の80%は、〈驚愕のオチ〉とも言える、脚本上のどんでん返し（オチに直結している）にある。これには本当に驚き、鑑賞しながら、声に出して「うおー、そんなんなるの?!! びっくりしたあ!! やっべーなこれ!! うはははははははは!!」と、笑いながら叫んでしまった。

なので、本作を批評するに際し、筆者に与えられたミッションは、こういうものであろう。前述の通り、作品全体の劇伴を担当した入江陽氏（デビューアルバムが筆者の友人の大谷能生によるもので、知己はないが、作品は熟知している）、主題歌を歌っているBOMI氏（不勉強が続くが、名前しか聞いたことがなかった）、プロモーションキットでも、押し出しのトップに来ている、主題歌編曲の、今を時めく長谷川白紙氏（氏は筆者の美學校楽理基礎科の生徒として、ほんの一瞬であるがクラスに在籍した。ネットによくある斜め読みの即断を避けるために強調するが、筆者の弟子とかでは全くない）等、気鋭のミュージシャンの仕事ぶりについて詳細に書く。

もう一つは、作劇上の驚くべき（それは、音楽制作という営為に組み込まれている必須の事項を扱ったもので、奇策や奇手ではない）どんでん返しを紹介するに当たり、ストーリーを全て紹介しなければいけないことになる。

以下、ミッションをニコイチにし、音楽の話をしながら、さほど複雑でもないストーリーを全て紹介するので、絶対に本作を観るのだ。と事前に決めている読者の皆様においては以後はお読みにならない事を強くお勧めする（「絶対に読むな」とは言わない。ストーリーを全て聞いてもなお観たくなるようには書くつもりなので）。

では始めます（ネタバレアウトの方は他のページへ）

登場人物の固有名詞は全て排して書く。主要なそれは3人であり、主人公の女性（WEBマガジン編集者↑監督の本業がアパレル業界のPRである事実が反映していると思われる）、そのルームシェアの相手である女友達（アマチュアミュージシャン↑女性のSSW＝シンガー・ソングライター）、そして「レンタル男友達」業を営む男性。全員が30代前半と解釈したが、20代後半かもしれない。具体的な説明はほぼない。

主人公が出社すると、そこはPCが並び、開放的でおしゃれな感じのオフィス、まるでテレビドラマに出てくるそれのようである。開始早々、ジャンゴ・ラインハルト型の、ジプシー・スイング……とまでいうと大げさだが、誰でも聞いたことがある、陽気な擬似ジャズ（20年代スタイル）が流れてくる。

これは、誰がなんと言おうと、制作した入江陽氏本人が否定しようと（追記1）、2013年の傑作TVドラマ『最高の離婚』（フジテレビ）のパロディである。ちょっとひねったラブコメで、主人公が会社勤めをしている限り、2ビートの擬似スイングジャズが流れてきたら、それは『最高の離婚』なのである。ネット内でご確認いただきたい。

『最高の離婚』の音楽担当者、瀬川英史は筆者と同年輩のベテラン劇伴作家で、どんなジャンルの音楽も適切に再現できるオーヴァーグラウンダーの能力を有している、しかし、驚異的な歌唱力を持ちながら、作曲とトラックは異形の、かなり危なっかしい斬新さに彩られている男性SSW、入江陽のそれは、コードも適当、リズムも危なっかしく、つまりパンキッシュな「なんちゃって」の魅力に溢れており、入江氏の、歌唱力だけ飛び抜けた、本質的なアマチュア性を示している。

なんちゃってな宅録スイングジャズが、『最高の離婚』のパロディとして冒頭から観客を引き込む。この指摘は筆者の専門職的指摘と言えるかも知れない。

筆者であらずとも、誰だってわかる事が作品全体の設定を律している。主人公のOL（徳永えり演。脚本がしっかりしているラブコメの主役が、それ自身の高い演技力と魅力で、作品を脚本以上に引き上げてしまう典型）は、ふとしたことから「契約で男友達になる」という仕事をしている男性（橋本淳演。10年代本格デビューの若手男優の中でもブライテストニューカマーと呼んで差し支えない高い魅力）と出会い、早速契約関係になる（契約内容は契約プランのひとつである「月極」）。

でもこれって

『最高の離婚』以上の、大衆的な成功を収めた『逃げ恥』（２０１６年）のパロディじゃないの？と思わない者はいないだろう。恋人や夫婦を、擬似的な契約関係にしてしまおうという発想。そしてそれによってビジネスライクに手に入れた恋人や配偶者、異性の友人等々が、ビジネス遂行中に、本気になってしまったら？というのは、不勉強な筆者が不勉強なだけで、実は連綿と続く歴史あるジャンルなのかもしれない（『ローマの休日』〈１９５３年〉がその遠い遠い始祖だとかさ。例えばね）。

しかし、「夫婦を超えてゆけ」という星野源の名フレーズを産んだ、「夫婦や恋人って、単に契約関係なのでは？」という、原理的に不可避な問題提起に対して、「実際にそれを奇妙な副業として営んでいる者と、その契約者」という構図の、最新にして最高傑作が『逃げ恥』であることに、少なくとも日本国民である限りは異論はないだろう。

2013年のフジは、今や名匠の位置にある脚本家、坂元裕二のオリジナル脚本で、2016年のTBSは海野つなみの人気漫画（挿話も良いところだが、この名前——つなみ——で連載は2012年から始まっている。何かのゴッドアングルであろう）で女性脚本家界のホープであった野木亜紀子を、4番打者に降格させたが、両作とも、婚姻や恋愛という関係性の社会契約の側面と、依存や転移としての純愛の側面との原理的な葛藤をテクニカルに描き、どちらも主人公を演じる俳優の、画角を超えた溢れる魅力と、音楽の大きな助力により、現代ラブコメのクラシックスになったと言っても過言ではない。

『逃げるは恥だが役に立つ』の設定に、『最高の離婚』の音楽が流れる。これはダブルパロディである。ここまで極端にやってしまったら、結果は2つしかない、パロディ遊びに萌え淫しただけの、つまり甘え腐った駄作になるか、大いなる覚悟と知性によって、リスクを背負った上で、本家に並ぶか超えるかする力作や傑作になる可能性である（そもそも『逃げ恥』自体が、あらゆるジャンルからのパロディとオマージュの塊である）。本作は後者である。大傑作とは言わないが、知的に、情熱的にリスクヘッジをして余りある結果を出している。

どんどんネタバレが核心に近づいていきます

主人公のルームシェアの相手は、同年輩の友人の女性（芦那すみれ演。大変な好演。というか名演）だが、アマチュアのSSWであり、部屋にはキーボードが常設され、メロディが思い浮かんだら、その場でスマホのヴォイスレコーダーに録音するような、SSWなら誰でも持つ、しなやかな猫性を持った女性である。

ちなみに、彼女が作成し、最終的にエンディングテーマ曲に至る楽曲（BOMIの単独曲と、入江陽との共作曲）の強度と、OST（入江陽）の強度は、もちろんリージョンが違うと言っても、どちらもプロフェッショナルな物ではなく、「そこそこ良いな」という魅力の片鱗と、冗長さや既聴感というノイズ、メロディや声の魅力に任せっきりの、細やかさに欠けるバックトラックによって、一番悪く言えばそこそこの音楽、一番よく言えば、今では何万人いるかわからない、潜在的なSSWの推し曲、というレヴェルを過不足なく忠実に描いた、という見事な仕事。ということができる。

カウントダウン入ります　3

女性主人公と男性主人公は、とても素晴らしい契約関係に入る。雇用側の女性主人公の趣味は給水塔の写真撮影であり、月額契約、つまり「月極オトコトモダチ」である男性主人公は、それはそれは見事に、しかも退屈も過剰な誘惑もしない、完璧なラインを踏んで、その趣味に付き合い（恐らく）仕事のない週末は、給水塔写真撮影デートが続く（主人公は本職であるWEBマガジンにこのことを面白おかしくレポート連載しており、営利関係である限り悪事ではないが、恋愛関係があったら悪事。という二律背反の中にいて、それが劇中のサスペンスを支えている）。

2

とーこーろーが。である。なんと、こんな変わった副業を持つ男性主人公は、自らも、過去に挫折経験を持つアマチュアのSSWなのである。

1

主人公はある日、風邪をひき、契約規範外である特熱出張で、自宅に看病に来てもらう。そして、SSW同士である、ルームシェア相手と、男性主人公は出会ってしまうのである。

この設定がこの本作のすべてである。シンプルだが強い。やがて物語は、『逃げ恥』のリージョンを超えてゆく。男女関係に友情はあるのか？　それを業務契約として職業化するというアクロバットは成立するのか？　そんな、誰が考えたって、誰が実行したって結果が明らかなことは（このこととの結果は、全く意外でもどんでん返しでもない。主人公は、本当の恋愛感情に取り憑かれ、あらゆるバランスを崩してゆく）、作中、少なくとも一度は後退／交代し、どうでもよくなる。

描かれるのは、音楽を愛し、歌を作りながらも、このご時世、全く仕事に結びつかない。しかし、ラブソングが持つ魔法に魅入られた者による、魂からの共感である。文章で書くと大げさだが、「ああもう、キマっちゃったね」という感じの演技は素晴らしく、クールでドラスティック、更にはややデカダンですらある「月極オトコトモダチ」業の男性は、みるみるうちに、凛とした猫性を持つ女性ＳＳＷと、ホットな関係に入り、顔つきもアティテュードも変わってしまう。

音楽を共作することとは、愛の行為であり、利益を伴うかもしれないビジネスでもある。このことが、第一設定の「真の恋か仕事のお芝居か？」という普遍のテーマと入れ子構造になる。ひょっとしたらこのテーマは、共に恋の歌を作る関係の2者が始祖だったのかもしれない。とまで思わせる。恋の歌を作り、歌う関係にアダプトすると、2人からは性愛も友愛も蒸発してしまい、楽曲の中に2人の自我も欲望も溶け込んでしまう。ラブソングを作ることとは、それほどに愛の行為なのだ。

主人公は、ルームシェアの相手に、あたかも寝取られたかのような格好になる。奇妙な三角関係は、一瞬瓦解するかのように見える。

0（もう読まないでください）

主人公は荒れる。その共振関係によってルームシェア相手も荒れる。しかし、いきなりヤバい副業で食っていた彼氏は最賢者となり、主人公に提案する。

「作家になりたいんだろ？　だったら、俺たちの曲に、詞を書いてくれよ」

恋愛だったら苦悩の製造構造である三角関係が、そのまま、正常運転／通常装備（作詞、作曲&ビートメイク、歌唱）になる。

驚天動地のオチ。筆者は、これからMOOSIC LABがどれだけ長く続いても、これを超える構造を持ったオチは誰も作れないのではないかと思う（勿論、映画の優劣は、脚本に仕組まれた物語上のオチだけで決まるものはない）。コピペで申し訳ないが、筆者は鑑賞しながら、声に出して「うおー、そんなんなるの?!!　びっくりしたあ!!　やっべーなこれ!!　うはははははは!!」と、笑いながら叫んでしまった。

そして、それは、次のアンバランスをもたらさず、ちゃんと正常に駆動するのである。ソングライティングの三角形が、他のリージョンの、全ての三角形によってもたらされる、あらゆるストレスを、構造的に消滅させてしまう。３人は、文字通りの３Ｐとして、３人で一つのオーガズムに向かって、平和的に、愛を持って協調するのである。

エピローグと音楽について

それによって、具体的な恋愛模様がどうやって収束するかは、実のところどうでも良い（ように見える）前述のオチの斬新さと古典性の融合が、全てを蒸発させ、クールダウンに導く。

俳優たちの画角を超えたパセティックな名演と、若き女性監督（恐らく非音楽家。つまり視点は主人公の地点にある）の驚異的なアイデア（恐らく、書いた本人も、その凄さを十全に理解していないのではないかと思われる）。この２者の圧倒的な力に比べると、残念ながら音楽それ自体は弱い。というか、これで音楽にも高い強度（配信で大ヒットを記録するような）があったら、東京国際映画祭日本映画スプラッシュ部門ではなく、日本アカデミー賞最優秀作品賞ノミニーであろう。

入江陽氏、ＢＯＭＩ氏、そして長谷川白紙氏の仕事は、私感だが、この作品の分というか度というか、そういうものを守っている。すなわち、「ちゃんとインディーに見えるように」というミッションの、無意識的設定があるのではないかと思う。

極めて現代的な情報圧縮型の作風で、現在飛ぶ鳥落とす勢いの長谷川白紙氏の「主題歌編曲」は、前述の通り、本作の対外プロモーション上の推しポイントであるが、氏の作品を非常に高く評価する（しばらくの間だが、自分の生徒だったから。などというセコい理由ではなく）筆者も、「いやあ、これは……ちょーっと、やっちゃったな長谷川くん」としかコメントできない。

氏の作品は、楽音（調律された、楽器が出す、楽譜にかける音）とノイズやSEが、等量ほどに混在する、圧倒的な情報過多なのにも関わらず自然主義に聴こえる。という、新たなテクノエコロジスティックなスタイルの完成という意味で、日本のポップス界に明らかな画期を示す作品だと評価しているが、ここでは何と、（作中のサウンド範囲に合わせてか）ドラムとベース以外はほとんどエレクトリックピアノだけしか使っていない。

ピアノは調律の第一代弁者であり、どれだけ頑張っても、擬似ノイズ、擬似SEは出せても、真のノイズもSEも出せない。電化されようと、ピアノがメロディに対してできることは、リコードつまり和製の付け替えのみである。氏にとっても大胆な試みだったかもしれない、「自分の世界観を楽音だけで表現する。という編曲作業」という英断の結果は、残念ながら青臭いこれ回しにしか聴こえない（通常の作曲作業中に、ＭＩＤＩでシンセ相手に打ち込んだＭＩＤＩ情報をピアノにコンバートしたのか、手で響きを確認しながら弾いたのかは判断できなかったが）。

しかし、そのことさえも、ややもするとウエルメイドすぎて、地上波のテレビドラマに見えてしまう可能性すら孕んだ本作への「インディー感」（それは非常に高い価値だ）キープのための、神の見えざるミッションだったのかも知れない。優れた俳優たちは若手なれど既にキャリアはあり、それは続くだろう。監督はこの水準が安定的に叩き出せれば、オーヴァーグラウンダーになるだろう。

そして、音楽家たちは勿論このままで良いのである。ある意味で今、映画以上に、オーヴァーグラウンド感＝仕事感＝普通感＝既聴感から離れなければならないのがポップ・ミュージックであるかも知れない世の中なのである。入江陽氏が達者で職人的なＯＳＴを書き、ＢＯＭＩ氏がＪＵＪＵやＭＩＳＩＡのような曲を書き、長谷川白紙氏がヴェイパーウェイヴ的な作品を、敢えてピアノ一本で、完成された響きを出すのは、最も愛のある言い方をすれば、そんなものはディストピアでしかないし、最も皮肉な言い方をすれば、それはまだ15年先の話であろう。

（２０１９年６月）

追記1　これは追記としてギリギリでアンフェアに抵触すると思うが、2019年11月20日に、筆者が楽理基礎科の講師として就業している神田の美學校の授業（前述の、長谷川白紙氏が一瞬通っていた授業）後に、入江陽氏が挨拶に来て「いやあ、あれは作ってる時は全く意識してなかったんですが、後から聞いたら、完全に『最高の離婚』ですよね（笑）。僕あれ大好きで、知らない間に影響受けてたと思います」と発言した。もちろん、この記事を読んだ上でのもので、筆者に気を使っただけかも知れないし、筆者は、実作者の言質を100％真に受けるというのは、音楽批評において誤謬だとする派であるので、ことの真否は別としてここに記することにする。

追記2　のちに、YouTubeに上がったデータ販売版（？）を聞いたら、上映版よりもシンセがやや多用されており、リズム分割とコード（増設されたキメ）が整理されていて、単純に完成度が上がっていた、というより、新機軸としては成功、というレヴェルにあった。映画音楽に携わる者として、様々な事情があったのだろうと想像するが、想像は一切割愛し、長谷川氏の名誉のためにも追記する。長谷川氏の作品を筆者は手放しで高く評価している。

『アベンジャーズ／エンドゲーム』
『スパイダーマン：ファー・フロム・ホーム』
〈第二経済〉としての〈キャラクターの交換〉前に
我々ができることは〈損得〉だけである

〈第二経済〉は

正規の経済用語であるわけがない。勿論、仮想通貨全般の話でもない。PayPayとか、ああいうよく分からないアレでもない（反復が中華人民共和国おける「可愛さ」の慣用表現なのは知っているが、パンダのホワンホワンとかいうのはいざ知らず、改めて「払え払え」と言われていると思うとピリっと来る、という諸氏も多からんと思う）今や市場経済－生活経済－第一経済－現実経済といった集合的なリアル経済行為と並行している経済活動である、〈キャラクターのトレーディング行為〉の事で、この稿のために仮設した造語だ。以後「2キャ経」とする。

2キャ経が経済的に強く、深いもの――マルクス的に言えば「下部構造的」――であることは、読者諸氏には漠然と実感いただけていると思う。筆者が指しているのは単なるグッズ市場の事ではない、それは後述するとしても、よしんば単にキャラクターグッズの市場だけとっても、それは普通の市場経済の中でも強烈無比である。

ウォルト・ディズニー・カンパニーは近い将来、ヒンドゥー教自体を買収するだろう、と、やや嘲笑的に言われている。ヒンドゥー教は単純にキャラクターの宝庫だからである。それからイスラム教を買収し、最終的にはキリスト教、ユダヤ教をも買収するであろう。そしてその際に必要であらば、28世紀フォックスさえ設立するであろう（フォックス社は、ルーカスフィルムを買収する際、実質的なパイピング会社として「21世紀」フォックス社〈現・FOXコーポレーション〉を立ち上げた、という経緯がある）。

地球上のすべてのキャラクターが一つの会社に買われ、一つのコンテンツ内に帰属する、などという、大英帝国やアレキサンダー大王のような事は、第一にはあるわけがないし、第二にはあってはならない、そして第三には、だからこそ夢想してしまう。というのが、スピルバーグの『レディ・プレイヤー1』（2018年）の裏テーマであろう（表テーマは「友情に端を発する、全てのバディ関係＝日本にはほとんどない、創設者連名の会社――フォートナム＆メイソンとかディーン＆デルーカとか、いろいろ。の素晴らしさと恐ろしさ」。思えばルーカスは親子－垂直－関係ばーーっかりやってるし、スピルバーグは友情－水平－関係ばーーっかりやっている。スピルバーグがビル・ゲイツやスティーブ・ジョブズとダブル・イメージしやすいのは、服装だとかユダヤ系だとかだけではなく、ここに理由の大きな一端がある）。

そしてこの、第二経済の起源がいつからなのか

経済学も社会学も正式に学んだことがない筆者には想像もつかない。市場経済こそ、相当むかしからあるだろうな、と想像する程度で、資本主義がその名を持つようになったのは19世紀半ば、ウォルト・ディズニー・カンパニーの設立はその後たかだか70年ほどの、20世紀の初頭である。高校生も自宅で株をやる、という資本主義による自殺行為（まだリストカット程度だが。本当の自殺行為は社会主義国家が市場経済を乱暴に取り込んだ事であろう）が始まったのは、ついこの間ではないだろうか。

しかし、ジャパンクール音痴を以って自他共に認める身でありながら、ポケモンは流石にヤバいと思う。最初からトレーディングカードを中枢に、キャラクターの交換を、どストレートにコンテンツのメインとしたからである。筆者は新宿御苑に事務所を構えており、ある日、御苑のメインエントランスである大木戸門のあたりを歩いていたら、１０００人近い人々が公道を占拠し、交通封鎖しているのを見て「とうとう安倍政権へのガチな革命運動——SEALDとか、ああいうガックシ物件ではなく——が蜂起したか！」と思い、うおー!!と叫びながら思わず群衆の中心まで突っ込んだら、全員がスマホ片手に、肉眼では見えないポケモンのキャラクター捕まえ（?）に集合していると知り、逆の意味で「うおぉぉぉ……」と小さく叫びながら事務

所に戻った経験がある。

勿論その始祖には伝説のカルビー製果の仮面ライダーカードがあり、現在の2キャ経済の直接的起源と言うことも容易い。子供達は競ってカードを「交換」し、その根拠ははっきりと「株価」だった。だが、始祖は始祖というぐらいには、鳥と同じく空を駆ける自由な生き物である。戦前から玩具は交換を子供達に経験させる側面を持っていたとも言えるし、有名なヤップ島の巨大石貨、文化人類学の交差イトコ婚、経済学、文化人類学、考現学、そんなものを持ち出してMCU（マーベル・シネマティック・ユニバース）作品の批評をしたところで、誰が喜ぶだろうか？ここはネットだ。

しかし、今や我々が

2キャ経なしでは生きられない所にまで来ていることは間違いない。そして2キャ経の中心的な活動が「キャラクターの交換」なのは間違いない。我々はキャラクターを交換し続けるという経済行為の為に生きており、よくある話だが、最初は自ら望んでいると思っているが、誰かにやらされている。その証拠に、我々はこの行為を、ある時、自分から気ままに止めることができない。要するに構造である。言うまでもなく、「俺得」などと言ってちょっと喜んで終わり。というリージョンではない。

勿論、2キャ経行為がキャラクターグッズの消費のみを指すものでない事は明らかである。キャラクターグッズの売買は、単純に第一リアル経済に於いても王座に近い位置につけている。しかし、あなたが、あなたの自我の都合に従って、推しを決め、投資に近い消費行動をする、つまり、商品価値と貨幣価値を交換する、というのは象徴的な結果に過ぎない。あなたが推しを決める。それが変わったりする。それが株価である。株価であるから変動するし、先読みも推測も可能だ。推しが変わる事は、あなたの心的な動きに端を発し、経済行為となる。それがあなたの自我に、ミラーリングで跳ね返る。こうした民の自我から突き動かされるあらゆる価値の変動が2キャ経の全てである。推しはメンバーのうちの1人ということだけを意味しない。あなたが投票する人だとする。あなたは公約に投票しているだろうか？　キャラクターに投票しているだろうか？

アニメファンや地下アイドルの追っかけに生理的な嫌悪感を持てるだけの、経済的、宗教的基盤の盤石を失った我々は、2キャ経をしないと生きていけないように、人類としてはっきりと進化したのである。そしてこの行為は、経済のセカンドラインのみならない、もうお気付きの通り、宗教のセカンドラインでもあるし、前述の通り、政治のセカンドラインにも、猛スピードで距離を詰めている。極論的にあなたは、あなた自身、あなたという存在自体を2キャ経という経済行為に組み込んでしまっている。再び、それは、ある日、自由気ままに降りる事はできない。

何でもかんでも「令和だから」というのも低脳な話であるが、ジャニーズ事務所と吉本興業という、オーヴァーグラウンド・エンターテインメントの2大帝国が激震というに相応しい揺れかたをしている。この事も、時代への炭鉱カナリアの、喉から血が出るほどの絶叫である。我が国独自のキャラクター論（ちびまる子ちゃんは循環時間を生きているとか。戦闘美少女がどうしたこうしたとか）を、神道や仏教からの暗喩で語っても、もはや追いつかない。筆者が言う「我々」は、勿論、日本人のことではない。地球人のことだ。

今更批評として指摘するのも馬鹿馬鹿しいレベルの話ではあるが、MCUが、「スター・ウォーズ」シリーズを玉座から引き摺り下ろした実力の源は、「スター・ウォーズ」シリーズが直線的な歴史をシャッフルして繋いでゆくサーガ形式であり、キャラクターの交換行為という意味では、MCUのディシプリンである「ユニヴァース」形式よりも古く、特にキャラクター株価の設定がカスタマーに完全譲渡されず、歴史性や物語上の重要性といった階級が微弱であれ、導入している制作側のという事実によるものである。キャラクターを線上に配置して固定的な意味を与えるのではなく、同時に並列するユニヴァース形式こそが、マーベルをして「スター・ウォーズ」シリーズを王座から引き摺り下ろした原動力である（ディズニーランドにおけるキャラクターもユニヴァース形式であるが、予め階級があるという事実によって、複合型と言える）。

手塚治虫記念館に行くと、発表当時はユニヴァース形式ではなかったキャラクター群が壁画のように一堂に会している。おそらく、(行った事はないが)藤子・F・不二雄ミュージアムも、青梅赤塚不二夫会館も同じであろう。筆者は、火の鳥からブラックジャック、リボンの騎士から鉄腕アトムからジャングル大帝までが、遠近法に沿って「その場に一堂に会している」事を画角の中で明言した、手塚治虫死後の、関係者の心の中にあったものが、近代ユニヴァース物の原点だと暫定する。最初の「アベンジャーズ」は、兵庫県宝塚市に現れた。しかし、大変残念な事には、この、世界で最初にしておそらく最強のアベンジャーズは、壁画の中に集合しただけで一切の活動を行なっていない。

とさて、いきなりだが、サノスによって

そんな地球人は、半分にされた。経済も宗教も政治さえもキャラクターの交換行為に支えられているような退行的でダメな生物は、まず半分にすべきだ。サノスが正しい。いや、正しくない。どっちだろうか？　消されたヒーローたちは、次作で戻ってくると考えた人、戻るにしても、様々な複雑なドラマがあると考えた人、誰が正しかったのだろうか？

『エンドゲーム』(2019年)以前から、アベンジャーズは総力戦であることが作を重ねるご

とに強調されすぎ、スペクタキュラーの表現が、画面を関ヶ原化（もしくは100人サッカー化。あるいは最も詰まらない呼称として「戦場化」でも良い）される方向に発達、定着してしまった。筆者が身震いして興奮したのはアベンジャーズでは第1作（2012年）だけである。あの作品は「ニューヨーク市街が瓦礫の山と化す」という、9・11PTSDを、アメリカン・タフガイ型のコミカル&シリアスのトーンで祓い清めた大傑作である。

しかし、アメリカ人が合戦を描き続けると、必ず南北戦争からの内なる鬱性が噴出し、アベンジャーズの最大の魅力だった、アメリカン・タフガイ型のユーモアが、商品価値として他のコミカル系作品に計画的に再配置され、アベンジャーズの総力戦=合戦の魅力が、アメリカが経験したあらゆる戦争PTSDの総合体である「悲壮感」と交換されてしまった。勿論、アメリカ人が「戦争」を悲壮に描くことが大好物なのは言うまでもない。

とこれは、あくまで筆者の個人の好みである。

個人の好みならいくらでもある。あのキャラクターにもっと出て欲しかった、ああして欲しかった、こうして欲しかった、あのキャラクターは要らない。この設定は納得しかねる。スカヨハの登場シーンが少ないのは、減量に失敗したからかも。ダウニーJr.がもう辞めたいと言い張るのと、それを準備してやる事のせめぎ合いはどうなのだろうか？　Twitterにもヤフーニュースにも情報が飛び交う。いやそんなことはどうでも良い。ここの設定はすごい。このVFXのセンスはヤバかった。個人の好みはシンプルで早く、そして強い。

我々が行なっているのは、アベンジャーズひとつとっても、こうして、映画の鑑賞の形をとった、キャラクターの交換、つまり経済行為なのである。個人の経済行為が批評という立場に立てるだろうか？　筆者の考えでは立てない。あなたがセブンイレブンのコーヒーを選ぶか、ファミリーマートのコーヒーを選ぶか？　そこに批評が介入できるだろうか？　経済があるだけである。

MCU作品のカスタマー評価を見ると、必ず、綺麗に賛否が分かれている。MCUの熱烈なカスタマーであろうと、気に食わなかったら屁理屈をつけて（批評だから）ボロカスであり、気に入ったら屁理屈抜きで（経済／宗教／政治行為だから）大絶賛である。「自分は気に食わないが、作品としては良いだろう」といった中間的な忖度は、行われていないように見える。

シンプルな話、これはどうしてだろうか？

誰も知らないような国のアート寄りの作品、つまり批評家にも一般ユーザーにも評価基準がない前衛的な作品であるならば賛否両論は自明であろう。しかし、こんなに明確な、世界で一番金が動いているトップの娯楽が、必ず激しい賛否両論に晒されるのは何故だろうか？

それは、冒頭にある通り、これが個人的な経済活動、典型的な2キャ経であるからである。我々は、個人的な経済活動の範疇では、損得しか選択肢がない。利益が出た人間は、キャラクターの扱いが気に入った人間で、損失が出た人間は、その逆である。経済学的に言って、両者に上下関係はない。ただ、その時その時、損得が生じるだけである。我々は、設定した株価によって掛け金を払い、儲けが出ようと出まいとその事を評価に回し、分析結果をまとめなければ事が終わらないトレーダーである。

この一連のトレーディング行為の中で、批評という側面は去勢されている。というか、経済活動、その結果を批評しようとする人間の愚かさと徒労感は、どなたでもご存知のはずだ。恐慌も、その鏡面であるバブル的な好景気も、批評しようとする事自体が無意味だ。それは天候を批評しようとすることと似ている。ましてや、キャラクターの交換は、強く共有的に見えて、実のところかなり個人的である。

さて、いきなりだがスパイダーマンは（※以下100％ネタバレ）

第一には青春学園モノ、第二にはややコミカル。というジャンル設定が振られている。散文の歴史の中で、小説や詩よりも早く成立した戯曲の段階で、ギリシャ文明が、ドラマトゥルギーを「悲劇」「喜劇」に分離する（音楽の長／短調分離と統合は、戯曲のそれより遥かに後のオーダーである）という断行すら感じさせる設定のフィクスも、キャラクターのトレーディング因子に含まれる事は間違いない（『インフィニティ・ウォー』〈2018年〉でのスパイダーマンは「スパイダーマンなのに悲壮」という交換によって剰余価値が生じた）。

とまれ、いかな学園モノのコミカル系とはいえ、人類の半数がいないまま5年が経過し、そこに、消えた人類が、ごと全員一挙に戻ってくる。という、普通に考えても地球の一大事（というか、それを巡ってアベンジャーズは命懸けの総力戦を行なったのである。つまり『エンドゲーム』に至る動機そのものである）を、体育館でバスケをやってる最中に、マーチングバンドがいきなり現れて、ボーリングのピンのように倒れまくる。というギャグと、「5年前は鼻血出して泣いてた弟が、今やイケてる兄貴に」という設定と、それを紹介してるのが学園内のYouTubeチャンネルの番組、というオチで終わらせてしまって良いのだろうか？

人類の半数がミッシングパーソンになって5年が経過したら、政治も経済も大混乱を来すし、況してや彼らがある日、いきなりビヨーンとまとめて現れたりしたら、5年間のうちに再婚していた人はどうなる？　オフィス管理はどうなる？　政財界は、マスメディアは、通信や土木はどうなるのだ。一切描かれない。

殉死したアイアンマン、トニー・スタークの会社であるスターク・インダストリーズに反乱分子がいて、トップの死後に決起しても良い、彼らがアベンジャーズ全体の殲滅を図ろうと、そんなものは娯楽劇の骨法であろう。

しかし、彼らの主武器はドローンとホログラムであり、これをミクスチャーする事でスパイダーマンを陥れる。それも宜しい。「VFX凄いけど毎回同じだ」と揶揄する者は愚者である。ゴダールの作品に、フーテンの寅さんに、あらゆるアニメ作品に「毎回同じだ」と言ってどうなる。極論すれば、優れた娯楽は、毎回同じだ。毎回同じ物が見たい者に、小さな差異を与える。ここに異論を唱えるものはトレーダーとして損益計算上、負けただけだ。

今いきなり告白するが、筆者はマーベルのマニアである。あらゆる方法を駆使して、全作品を見ている。その一人として言わせてもらうが、「毎回同じ」であることに気づくのは、いつでも観終わった後である。毎回毎回、手に汗を握って、初めて観る画像であるかの如き興奮を感じている。マーベルトレーダーの才能があるのであろう。

しかし、そんな有能なトレーダーである筆者でさえ、「じゃあさ、最初のヴェニスの運河崩壊は、全部ホログラムな訳？　建造物破損はドローンの大群がホログラムに隠れて代行しているとしても、スパイダーマンの動きはリアルなわけでしょ？　なんか全然わかんねえわ。そもそもホログラムとVRの差がちゃんとついていないように思えるんだけど……」と思うのである。観終わった直後に。大変な満足感と興奮とともに、設定の曖昧さ、というか、物語の重力を狂わせるほどの御都合主義に苦言を呈するのである。二度言うが、大変な満足感と興奮とともに。だ。

ヴェニスの破壊はホログラムだが、ロンドン塔は実際に破壊される。ハッピー（・ホーガン）やＭＪ（メリー・ジェーン）は鋼鉄製の武具が、鋼鉄製の展示ケースに入れられている部屋に雪隠詰めになる、殺傷性の高い、凶暴なドローンが一機、さる事情によって自動操縦となり、じゃによって彼らは間一髪で射殺を免れ、最終的にはドローンを破壊する。クライマックスのサスペンスである。

しかし、いかな手動運転に切り替えたとはいえ、ドローンの目的は、機械的な殺戮でしかない。「あのままま っすぐドン突きまで飛ばして、１８０度回転して、というか、あのまま回転しながら射撃してドン突きまで行けば、簡単に全員を殺すことができたんじゃない？　なんで公開処刑みたいに、一人ずつを、発見確認してから撃たなきゃいけないわけ？」としか思えない。思えないが、なんの不満もない。不満を感じたものは敗者だ、と言うより、損失を出したのである。経済活動で。

『スパイダーマン：ファー・フロム・ホーム』（2019年）が一番似ているのは『リトル・ロマンス』（1979年）だろう。これは修学旅行（観光）映画だ。恋と修学旅行。途中に凄まじい吊り橋効果もある恋と観光映画である。MJの可愛さはハンパない。素直な好青年と、屈折してクールになってしまった美少女のキス。キスひとつにストーリー全体が持って行かれ、そのことへの不満は、ある者にはあるが、ない者にはない。MJとピーター・パーカーへの株価設定、恋の喜びがストーリーの中でどれぐらい強い効果を上げるかの価格設定。それがあるだけだ。この2人がキスをする。その事にいくら投資するか？　それだけである。

我々はキャラクターの交換という、2キャ経活動行為として、実際に労働して得た可処分所得をつぎ込んでは、第一経済を動かしている。筆者は、『エンドゲーム』で少々の損失を出し、『ファー・フロム・ホーム』で莫大な利益を上げた。『ファー・フロム・ホーム』は劇場にもう一度観に行くし、スパイダーアイコンのクリアファイルとパーカーも買おうと思っている。明るく楽しい株に投資するのが好きだからであろう。そこに批評をしている時間的、思考的余裕はない。『エンドゲーム』はもう観ないし、グッズもいらない。両作に対する評価はそれ以上でもそれ以下でもない。

これは諦念ではない。事の全貌を、その莫大な限界性を説明しただけだ。そのうち、あるいはもうすでに、「自分自身」というキャラクターさえも、トレーディングに成功したり失敗したりする事になるだろう。「セルフトレーディング」なんて言葉は、もうありそうだ。2キャ経の構造的なリスクがここにある。損得を繰り返しながら、やがては、自分自身というキャラクターに株価を設定しないといけなくなる。

前衛映画ですら、2キャ経に飲み込まれている。ひょっとすると、キャラクタービジネスライクな娯楽映画よりも、飲み込まれ方がドープかもしれない。こうして我々全員が抜け出すことのできない2キャ経行為は、あと何百年続くのだろうか？　そしてもし、その経済行為に対する批判が理論的に出た場合、それはどんな物になるのだろうか？　第二マルクスとも言えるその存在は、必ず革命を志向し、第二革マルが蜂起するであろう。MCU作品は、没入させ、損得を生じさせ、そして、こうした事を改めて強く考えさせるのである。フェイズ3はこうして終わった。『ファー・フロム・ホーム』がフェイズ4の第1作でないことの重要性は刮目に値する。総力戦であるアベンジャーズも2キャ経で処理し、誰が死のうと、誰が活躍しようと、個人的な損得だけしか行えなくなってきた我々は、そのことに飽き始めている。「おお、ここで締めて、次からがニューフェイズか」とドキドキさせられるというのは、2キャ経に構造疲労を起こしている我々が、国家による株価への介入＝操作を内的に求め始めている証拠でなくて、何であろうか。

（2019年7月）

第二章

そのジャズトランペッターは映画人を狂わせる。
プロデューサーよりも、観客よりも、女優よりもかの大ルイ・アームストロングが映画人や映画そのものを狂わせたことがあるだろうか？無い。ビング・クロスビーと同様、フランク・シナトラと同様、ちゃんと自分に当て書きされた役を演じ、スクリーンの中では衒いなく歌い、演奏し、つまりはキャラクターに殉じた。ジャズミュージックというショービジネス界と映画というショービジネス界の間に、結界や関税率はおろか、一切の矛盾がない黄金時代だったから。とノスタルジックに斬って捨ててしまえる現象ならばそれは花咲き乱れる幸福であろう。妻に銃殺された悪童リー・モーガンは、死後44年を経て、スウェーデンとアメリカ合作で、株式会社ディスクユニオンの配給によるドキュメンタリー映画が制作された。非業の交通事故死によって夭逝した天才、クリフォード・ブラウンは、劇映画にもドキュメンタリー映画にもなってはいない。ウイントン・マルサリスには死の予定すらない。

ここに、映画人、映画界、映画ファンを狂わせる魔性を持ったモダンジャズ・トランペッターが２人いる。彼らは、ほんの一時期だけとは言え、ライヴァルを自他共に認めてすらいた。百花繚乱たる音楽シーンの中でも、トップクラスにマッチョである（過去には更にマッチョであった）世界に響きわたったアンドロジーナスの音色は、あらゆる性別、性的嗜好を問わず聴くものを狂わせた。しかし、それは画家や小説家よりも、遥かに映画俳優や映画監督であった。端的にこれは、何故だろうか？

「チェット・ベイカー」こと、チェズニー・ヘンリー・ベイカーＪｒ．と「マイルス・デイヴィス」こと、マイルス・デューイ・デイヴィス３世は、本名にある通り、どちらも父親の名前を受け継いだ。この事自体は凡庸極まりない。再び、何故この２人は映画を狂わせたのだろうか？

「狂わせた」という過去形すら厳密ではない。チェット・ベイカーは今年（２０１９年）、オランダ人とアイルランド人を完全に狂わせたし、それは「久しぶり」ではなく、たった４年前にはアメリカ人を完全に狂わせている。そしてその起源は、１９５５年にまで遡るのである。

ピョートル・イリイチ・チャイコフスキーが、ザ・フー（特に、ヴォーカリストのロジャー・ダルトリー）が、グスタフ・マーラーが、フランツ・リストがケン・ラッセルを狂わせたのではない。狂えるケン・ラッセルが手当たり次第に音楽家を食い物にしたのである。著者は、ケン・ラッセルの暴虐を、懐かしく輝かしい滅びの文化として、今でも細やかな胸痛を以って思い出す。そこには、19世紀人に憧れた20世紀人が、20世紀最大のスペクタキュラーである映画を使って、誇大妄想的とも言える性的ファンタジーを、存命中の関係者や遺族からの干渉など及びもしない、コンプライアンスも肖像権もこの世に無い、牧歌的な時代にのみ許された暴虐の記録、つまりは狂える英国人による暴虐の血統が卑小なスケールで刻印されているからである。

狂える米国人であるクリント・イーストウッドでさえ、『バード』を制作したタイミング（1988年）では（当時は存命中だった）ディジー・ギレスピーやチャン・パーカーによって雁字搦めにされた。本章では、モダンジャズ界での功績とは無関係に、チェット・ベイカーが、映画人を狂わせ続ける王として君臨する姿をより明確にするために、マイルス・デイヴィスとチャーリー・パーカー（この2人は、ジャズ界の大物同士には珍しい、かなり直接的な師弟関係にあった）が映画界にもたらした、コミカルと云うに吝かではない珍事を論ずることから始める。

おい良く見ろ‼　一席ずつズレてんぞ‼　わっはっはっはっはっは‼
『バード』と『MILES AHEAD』に生じた珍事に気がつかないような
ボヤっとした奴らこそが「ジャズマニア」という
コダワリの人種なのだ。という悲喜劇について

この節だけは、読者諸氏に要らぬ手数をかけて申し訳ないのだが、各自動画検索が前提となる。肖像権のクリアランスが出来ず、写真が1枚も掲載できなかったからだ。言い訳じみるが、スマートフォン完全定着の時代であるし、「スマホ片手に読む事を著者に強要されるページ（「本」でも良い）」というのも、もうすぐそこまで来ている気がするし（「強要されなくともとっくにやってますよ。本を読む時は」という読者は、アンチスマートフォンの年寄りである著者から見ても頼もしい限りである）、ご容赦頂けると幸いである。

ジャズがプレモダンからモダンへ以降する中興の祖として、ジャズファンは言うまでもなく、音楽ファン全員にその名を知られているかも知れないほどの天才チャーリー・パーカーは、19歳の時に、たった一人で、後のジャズミュージックの基盤となる即興語法をゼロから創り上げて（こんな偉業を成し遂げたジャズミュージシャンは彼だけである）以来、34年と云う短く凄絶で、かつユーモアに満ちた人生を、恐らく1日の平穏もなく全うした（最期はテレビのコメディ番組を見

ていて、大笑いした瞬間に心不全で死んだ)。

そんな彼の人生を、ある時期ピックアップ型ではなく、ほぼほぼ半生記型で映画化したのが、本人もジャズマニアであり、倅も現役ジャズミュージシャンである、クリント・イーストウッドである。前述の通り、1988年制作の『バード』は、〈存命中の遺族、関係者、ファウンデーション等々の組織、からの介入〉を〈重要な証言〉と同一化して無反省に採用してしまい、少なくとも事実考証の側面ではデタラメの映画になってしまう&脚本、配役にまでに直接抑圧がかかるので、映画全体がアネイブルコントロールを起こした悪例として、「20世紀(或いは21世紀)の有名人の半生記」を作る際の、最高の反面教師として君臨し続けている(※追記1)。

『バード』のチャーリー・パーカー(フォレスト・ウィテカー演)は、チャーリー・パーカーではなく、ジュリアン〈キャノンボール〉アダレイである。

著者は、ラジオ放送、ライブのMC、ブログ、酒席、と、積年に渡り、あらゆるリージョンに於いて、この件について連呼し続けているのだが(多くは画像検索を使い、実写を見せながら)、ジャズのコアファンであればあるほど反応が鈍く、チャーリー・パーカーなんて知らねえよ。という非ジャズファン(ジャズファンであれば、マニアでなくともパーカーの相貌は知っているので。これは、野球ファンであらば、半ば自動的に長嶋茂雄の相貌を知っている事にほぼ等しい)であればあるほど爆笑が約束される。

この現象に関する、特に心理的な拘束や抑圧について考察を始めると、結果として著者の品位が疑われるほどのダーティーダズン（悪態）しか出てこないので、ここでは割愛するとして、『バード』は、その映画作品としての完成度や個人的感想の遥か以前に、主人公であるチャーリー・パーカーが、同じジャズのアルトサックス奏者として、パーカーの影響直撃世代であり、実際にパーカーのスタイル＋αを演奏スタイルとしているジュリアン〈キャノンボール〉アダレイの相貌そのものだという前提を抱いてしまっている（画像検索要請1）。「何故、こんな事故が起こったのか？」についての推察も、あるにはあるのだが、本項では全て割愛する。

著者は、伝説的人物の半生記を劇映画化する際に、主人公を演ずる役者が、その人物に似ていないといって腹をたてるような偏狭な人物ではない（※追記2）。そうではなく、主人公ではなく、主人公と密接な関係にある人物に似ている。という、一種の異常事態について、あらゆる批評がそれを無視して進むことの不健康さについて啓蒙しているに過ぎない。安倍晋三の伝記映画の、安倍晋三役の俳優に、麻生太郎そっくりの俳優がキャスティングされたら、誰だっておかしいと思うだろ？と言っているに過ぎない。画像検索は要請するまでもない。

そしてこの、ボタンの掛け違えは、遥か四半世紀を経た『MILES AHEAD／マイルス・デイヴィス空白の5年間』に、まるで遺伝子の様に引き継がれている。

この作品は、ドン・チードルが企画、監督、主演、脚本（スティーヴン・ベイグルマンと共同）を務め、マイルス・デイヴィスが一時的に引退状態にあった5年間（1975年〜1980年）の中の、ある数日間を、完全なフィクション（脚本の素材自体には考証性が見られるが、物語は荒唐無稽な妄想であり、マイルスが、謎の引退期間に関してインタビューを要請したローリング・ストーン誌の編集者――ユアン・マクレガー演。この人物は架空のものである――とバディを組み、マイルスの未発表音源――それが何という曲かは、明示されねども示唆される。『ゲットアップ・ウィズ・イット』〈1974年〉収録の「ヒー・ラヴド・ヒム・マッドリー」であり、これはマイルスの精神的父の1人であるデューク・エリントンの訃報を受けて演奏された追悼曲である――を、麻薬代のツケとして強奪したギャング団との争奪戦という、ピストルや車が画面に溢れる大活劇である）として描いたもので、マイルスが当時、交通事故によって人工股関節を入れたばかりで、歩行に困難が生じていたとか、喉頭手術によって潰れたマイルスの独特な音声や当時の髪型や服装と云った考証には忠実ながら、ハードボイルド活劇よろしく、ピストルを乱射しながらのカーチェイス、マイルスの引退理由の一つに、前々婦であるフランシス・テイラーとの別離の傷が挙げられている――ここには考証性はない――等々、マニアであれば爆笑もののコメディ作品である（まあ、ブラックスプロイテーションの態になっていると言えなくもない）。

が、著者は、いかな実在の人物を主人公とする映画であろうと、そもそも妄想である事が前提となっている作品のストーリーが、昭和の少年ジャンプ並みの大活劇であろうと、そこに文句を付ける様な偏狭なクレーマーではない。それよりも本作は前述の『バード』同様、マイルスを演じるドン・チードルの相貌が、マイルスと同世代で共演歴も多い……というより、一時期は精神的な兄弟関係ですらあり、モダンジャズ・ドラミングの奏法を独力で生み出したという、パーカーにも匹敵する業績により、ジャズ史に未だその名を轟かせ続ける名ジャズドラマー、マックス・ローチのそれである事、そしてあらゆる批評がそれを無視して進むことの不健康さについて2度目の啓蒙をしているに過ぎない（画像検索要請2）。おばけのQ太郎実写版の、おばけのQ太郎役の俳優に、ドロンパそっくりの俳優がキャスティングされたら、誰だっておかしいと思うだろ？と言っているに過ぎないのだ。オバQに関しては画像検索は要請するまでもない。

著者が「どうやらドン・チードルが、マイルスの伝記映画を作っているらしい」という噂話を耳にしたのは、少なくとも2005年より以前である。大谷能生との共著であるマイルス・デイヴィスの研究書『M/D マイルス・デューイ・デイヴィスⅢ世研究』（2008年）に収録されている「どの10年を使うつもりだ？」という著者のコラムは、その噂に依拠して書かれており、初出は「エスクァイア日本版2005年10月号〈ニューヨーク特集〉」で、『M/D』の執筆は2006年から行われている。著者はその時、「ああ、自分はマックス・ローチ役になって、三上博史とか王貞治（〆さばヒカルは既に逝去しており不可能）にマイルス役を振るのだろう。マックス・ローチが脇役という事は、あのシット・イン事件が映画のクライマックスになるだろうし、ビーバップ創世記から60年代の始まりまでが描かれるのだな（※追記3）。ジョン・コルトレーン役には盤石の松尾伴内がいる。さながら『バード』の後日譚。しかも主要キャストには日本人が数多く（※追記4）。さすがチードルはクールだ」と思ったものだ。まだエスクァイア日本版があった頃、著者は市井のマイルス研究家として、既にもう撮影中ぐらいの話になっていた「チードルのマイルス映画」の撮影現場に取材に行く。という企画案まであった（※追記5）。

それから幾星霜、もうボツになったかと誰もが思う頃、突如として『MILS AHEAD』は公開が予告された。15年来の夢の実現。テリー・ギリアムに次ぐ執念。しかし、粘着的な様だが、その作品自体がコミカルなまでに中二（ませていたら小二）である事に文句を言う気は毛頭ない。関係者はすでにほぼ全員が鬼籍に入っており、縦横無尽な想像力には何の横槍も入らない。

しかし、主役が「マイルスのコスプレとモノマネをしているマックス・ローチ」である、という、類い稀なる珍奇さを

集団的／急性的な盲目によって、誰もが言及しない。という事実には口を噤んではいられない。著者が想起したのは、元総理大臣である小泉純一郎が、メンフィスのエルヴィス・プレスリー邸で、プレスリーと同モデルのレイバンのサングラスを装着し、「ラブ・ミー・テンダー」の一節を歌い出して後に、歌舞伎の見栄にも似た珍妙な動きでプレスリーのモノマネを披露した事で、プレスリーの娘や元妻はいざ知らず、あのチンパンジー大統領ジョージ・W・ブッシュを、世界という極大衆目の中、羞恥プレイにまで追いやったという、あの快挙である。そして、これこそが、異常なほどの移入を生じさせ止まない音楽家の魔性というものであろう。躁病質である小泉純一郎を事故的にまではしゃがせたエルヴィスも大変な魔性の持ち主であるが、ユング派の臨床心理士の父と教師である母の間に生まれ、カリフォルニア芸術大学で学び、マーベル作品で友人がギャラのトラブルで降板した役を、全く嫌がらずに譲り受けて名演し、社会派もエンタメもオールラウンドにこなす、アフロアメリカン俳優の中でも屈指のインテリジェンスとダンディズムに満ちた、ドナルド〈ドン〉フランク・チードルJr.を完全に狂わせてしまったマイルスの魔性は、筆舌に尽くし難い階層にある。

しかし、そんなマイルスでさえ、「対映画人」という種目に於いて、と限定する限り、足元にも及ばぬ男がいる。それが本章の主人公である、チェット・ベイカーに他ならない。本節に続くのは、2015年の、カナダ／イギリス合作映画である（この事は、本章のラストに向けた伏線として回収される）、『ブルーに生まれついて』の劇場用パンフに著者が寄稿したものを、配給会社の許可の下、若干の加筆修正を施したものである。先ずはこちらをお読み頂きたい。再読するに、ここまで誠実でネガティヴな解説が、よくも劇場公開用のパンフレットに掲載されたものだ。と、軽く衝撃を受けるほどだ。

追記1　一例を挙げるならば、ホイットニー・ヒューストンの伝記ドキュメンタリー『ホイットニー～オールウェイズ・ラヴ・ユー～』（2019年）は、80年代に〈天下を取った〉ホイットニーの転落劇、その心理的根源として、〈幼少期に、レズビアンの歌手に性的ないたずらを受けたから〉と云う事実を明かすとともに、何と、その加害者の実名を出している。それは、かのディオンヌ・ワーウィックの妹なのである。そして、ボロボロになってライブで歌えなくなり、ステージで喚き散らす姿を観客が撮影したソースまでも挿入し、ラストは、〈彼女が全裸で溺死していたホテルのバスルーム（1年後に彼女の娘も、同じようにバスルームで全裸で溺死している）に、手持ちカメラが、ゆっくりゆっくりと入って行き、いよいよバスタブが映る。と言う手前で終わる〉と云う、性的興奮が抑えきれない、極めて悪趣味なものだ。これは、綺麗事で塗り固めても、関係者がSNSで暴露してしまうぐらいなら、エグい事も先んじて描いてしまわないと、と云う、SNSカルチャーの定着によるものだと思われるが、著者が軽く仰け反ったのは、制作と考証にホイットニー・ヒューストン財団の名がある事だ。反面教師の力が強すぎた結果であろう。

追記2　予想を超えて世界的なヒット作になった、『ボヘミアン・ラプソディー』の主人公、クイーンのフレディ・マーキュリーを演じたラミ・マレックの「フレディーに似ているといえば似ているし、似ていないといえば似ていないのだが、そんな事は関係ないほど見事な演技」ぐらいが丁度良い、と著者は考える。しかし、時代の潮流は『博士と彼女のセオリー』（2014年）に於けるエディ・レッドメイン（アカデミー賞最優秀主演男優賞受賞）に代表される、

〈特殊メイクか?と思うほどのソックリぶり〉であり、牧歌性は失われたかのようである。因みに『ボヘミアン・ラプソディー』も『博士と彼女のセオリー』も、重要な事実が史実と違うが、映画が面白くて気にならない。と云う属性を持っている。どちらも存命中の関係者からの干渉並びに、脚本の方向性により、史実が捻じ曲げられる、と云う意味に於いて、『バード』と云う反面教師を反面教師としないまま、映画的な完成度で突破した例、と言えるだろう。

追記3　公民権運動や反アパルトヘイト政策運動での活動に代表される、社会派ジャズメンだったマックス・ローチは、マイルスと義兄弟の契りを交わしていた、と云うほどの仲だったが、決別する。そのきっかけになったのはライブ盤『コンプリート・カーネギー・ホール』（1962年）の公演中、中でもマイルスのキラーチューンの一つである「いつか王子様が」の演奏開始直後に起こった事件である。マックス・ローチは、このコンサートの主催であった「アフリカ研究財団」が、南アフリカの植民地事業のバイパス組織であると判断、事前にマイルスに会い、コンサートの中止を直訴していたが、そうしたことに全く興味のないマイルスは決然と拒否、コンサートを決行する。その日、糟糠の妻でもあり、共闘の同士でもあったアビー・リンカーンとの離婚により混乱していたマックスは、荒れ果てた心の中でマイルスに罪悪感を感じつつも、客席からステージに上がり、抗議のプラカードを掲げてステージにシット・イン（座り込み）を行い、重要な公演にアクシデントの痛撃を与える。観客とバンドの動揺と、必死の取り繕いの過程は、今でもこの盤に音響としてリアルに刻印されている。以降、マイルスとマックスは完全に袂を分かち、長きに渡った共演関係も友情関係も終わる。著者の「この、カーネギーホールを舞台にした友情の終わり」と云う名シーンをクライマックスにした、マイルスとマックスの物語を、マックスそっくりのドン・チードルが制作するだろうと云う夢は、モダンジャズファンの妄想に過ぎない。しかし、その妄想は、『MILES AHEAD』の高らかで天衣無縫な妄想に比べれば、遥かに現実的であり、リアルでシリアスであり、今からでも良いのでチードルに次作でやり直して欲しいと云う願いは、ジャズマニアであり映画マニアである者全員の共有的な夢と言えるだろう。著者は共有者の一人に過ぎない。この件の詳細並びにマイルス・デイヴィスの生涯研究に関しては、著者と共著者の大谷能生による拙著『M/D マイルス・デューイ・デイヴィスⅢ世研究』を参照されたし。

追記4　これは、ビッグデータに対する、著者の偏向だと半分信ずるが、モダンジャズ・ジャイアンツには、相貌が日本人と似ている者が多い。筆者の評価では、チャーリー・パーカーに最も似ている有名人は、あらゆるアフロアメリカンの有名人を大きく引き離して、漫才コンビ「タカアンドトシ」のタカである（画像検索要請3）。チャーリー・パーカーの動画は、現在のところ、4点しか残っておらず、中でも特に、大先輩コールマン・ホーキンスとの共演で、何故かホーキンスを床に立たせ、自分は高い台の上に座ってマイクリレーをする動画の、ホーキンス演奏中のパーカーの表情（タバコを吸って、ニヤニヤしている。それは大先輩に対する「お手並み拝見」のようにも見えるし「尊敬する大先輩との共演が嬉しくてたまらない」ようにも見えるし、「大先輩をブッ飛ばす喜悦の予感（実際にブッ飛ばす）」にも見えるし、「TV収録なので笑顔に」にも「演奏中はいつでも笑顔に」にも見える。何れにせよ当時はまだ希少であったTV収録に於いては、かなり不遜な態度であると評価できる）は、髪型から笑い方まで、タカそのものである。著者はタカアンドトシがデビューした際、「欧米か！」と云う初期のツッコミも含め「うわーパーカーのそっくりさん出た！」と色めき立った。

追記5　合衆国の誠実なインディーレーベル「アメリカン・クラーヴェ」の代表、キップ・ハンラハンは著者の20年来の悪友であるが、彼はマイルスのプロデューサーであったテオ・マセロや、ジョナス・メカスに薫陶を受け、特に前者からは「フィルム編集のスキル」を伝授されていた。エスクァイア日本版が企画したのは、著者とキップが当時まだフロリダで隠居存命中（『M/D』の前書きを書いている最中に訃報が入った）のテオ・マセロ邸に赴き、キップがマイルス作品のテープ編集についてテオにインタビューを敢行した後に、ハリウッドに移動し、チードルの撮影現場をルポライトする。と云うものだったが、テオの逝去と、チードル作品が、どうやら頓挫したらしいと云う情報に挟殺される格好で実行されなかった。

誰も彼の「実像」を冷静に描くことはできない（余りにも美しすぎ、余りにもグロテスクすぎ）

チェット・ベイカーが生涯で出演した映画は3本ある。1本は1955年の俳優デビュー作『地獄の地平線（原題：Hell's Horizon）』（1955年）で、これは（当時まだ）ハンサムな大スターだった西海岸のジャズメンが、俳優としても大成功をおさめる、という目論見の戦争映画だったが、作品の出来もベイカーの演技もB級以下と呼ぶに相応しく、何せ公開3ヶ月前に、あのジェームズ・ディーンが『エデンの東』（1954年）によって、映画史に残るデビューを果たしている（ディーンの夭逝を受け、デビューも、ブレイクスルーも彼よりも早かったにも関わらず、ベイカーは〝ジャズ界のジェームズ・ディーン〟という謳い文句を、ディーンの死後――抜け抜けと――使うことになる。これがどれほどの悪行か、一瞬立ち止まって熟考して頂きたい。ベイカーは、デビュー当初と最晩年の共演者以外の、すべての関係者にとって、完膚なきまでのクソ野郎だった）。

2作目はイタリア映画である。日本未公開の『Urlatori alla sbarra』（1960年）は、『地獄の地平線』から僅か5年後の作品であるが、新人監督のルチオ・フルチ（後の、イタリア恐怖映画の巨匠）に、「日々の暮らしにも困っているベイカーを、とにかく助けたい一心でこの作品をつくった」と言わしめている。この作品でのベイカーの演技は、そこそこのものであったらしいが、役名も無く、作品は、いわゆる「無軌道な若者を描いた、低予算ロックンロール映画」である。

そして3本目が、かの『レッツ・ゲット・ロスト』（1988年／アメリカ映画にカテゴリーされ、アカデミー賞長編ドキュメンタリー映画賞のノミニーにまでなったが、監督出資の自主映画である）であるのは言うまでもない。それまでの「俳優＝脇役」としての作品ではなく、この作品は、晩年の（というより、本作公開の直前に、有名な「謎の転落死」によってベイカーはアムステルダムで没する）ベイカーを赤裸々に追った、写真家ブルース・ウェーバー監督による、ゲイ感覚、老け専感覚といった性的なファンタジーが満載された、悪魔的な傑作で、前述の通り、ベイカーの手酷い人生に引導を渡す格好となった。

「あれ？　じゃあ、この映画（『ブルーに生まれついて』）の、物語の発端である〈ベイカー伝記映画〉は、存在しないの？　この作品は伝記映画なのにフィクション？」と思われるであろう。その問いへの答えは「半分は当たり」である。

映画ファンならば誰でも知る名プロデューサー、ディノ・デ・ラウレンティスは、前述『Urlatori alla sbarra』の翌年、31歳にしてすでに「波乱の転落人生」を送っていたベイカーの自伝映画の制作権を買いたいと申し出た。ベイカーは前払い金を受け取ったが、ラウレンティスが条件として提出した「釈放されて(当時ベイカーは、イタリアで、麻薬犯として投獄されていた)、良い演奏ができるようになる」を果たせなかったことにより、ラウレンティスはすっかりこのプロジェクトに関心を失い、破棄した。すでに多額の前払い金を受け取っていた癖に、ベイカーは激怒し、この件を「大規模な詐欺」と呼んで憚らなかったらしい。再びベイカーは、デビュー当時と最晩年の共演者以外のすべての人々にとって、完全無欠のクソ野郎だった。

本作は、この、頓挫した「ラウレンティス製作による、ベイカー伝記映画」が「制作されていた」という大胆な設定を基盤にはじまる。

というより、本作は、一言で言うと「ベイカーの人生=伝記からの素材を自由自在に再構成させた、完全なファンタジー」と言える。

登場人物の中で、ベイカー本人、その両親、ディジー・ギレスピー、マイルス・デイヴィス、元パシフィック・ジャズのレーベルオーナー、ディック・ボック等々の主要脇役たちは全員実在の人物だが、肝心要の妻、ジェーンは存在しない。

単に存在しないだけではない。チェットの数名の妻、数名の愛人はすべて、最高でも沈黙を守り、静かに暮らしているだけで、ほぼ全員が問題を抱えたグロテスクなビッチであり、現在のところベイカー唯一の伝記であるジェイムズ・ギャビン著『Deep in a Dream: The Long Night of Chet Baker』（邦題は「ブルーに生まれついて」どころではなく「終わりなき闇」）という、「読み終わる頃には鬱病が発症する」と言われる煉獄の書を読む限りにおいて、本作での妻、ジェーンというキャラクターの理想化の高さは、どれだけ安く見積もってもハーレクインロマンス級と言うに吝かではない（※追記1）。

本作を要約するならば「〈天使的な妻〉という虚構を中心に、ベイカーの実人生を（まるで「夢のように」）勝手に繋ぎ、〈ベイカーは、巷間言われるほど、破滅的で悲劇的で堕落的な人物ではない〉と強弁する、冷静さに欠けるファンタジー」である。ジャズ・マニアであれば、逆に感心してしまうだろう。「うおお。あの話をこういじって、こう繋いで、美談にしてしまうのか」と。

しかし、ドキュメンタリーである『レッツ・ゲット・ロスト』のウェーバーも、明らかに常軌を逸している。だからこそあの作品は輝くのである。唯一にして絶対視されているベイカー伝記ソース、前述の『終わりなき闇』も、そのトーンは、一貫して伝記である冷静さを心掛けようとしながら、明らかに常軌を逸している。

子役デビューし、あのリバー・フェニックスにオーディションで敗れ続けながらも、独自の地位を確立し、『恋人までの距離（ディスタンス）』（1995年）の〈20年かけた3部作〉、12年以上かけて撮影された『6才のボクが、大人になるまで。』（2014年）と、〈時間〉についてのオブセッションが拭えず、『シーモアさんと、大人のための人生入門』（2014年）という、「悟りを開いたピアニスト」の紹介ドキュメントを製作・監督するなど、本作でベイカーを演じたイーサン・ホークが（ある意味で正しく）病んでいるのは言うまでもなく、ヤングアダルト世代（42歳）の監督も、それなりに何かを抱えているのであろう。しかし、ここに一貫しているのは、「チェット・ベイカーに魅入られてしまった者は常軌を逸する」という堅牢な事実である。

「何もここまで」というほど、本作はベイカーの人生を美化し、無毒化する。実在の人物であるディジー、マイルス、ディックも、実在でありながら、ファンタジーに沿って、史実とは違う動き方をする。そして、淫らなほどの、大変な移入ぶりを見せるイーサン・ホークは、肝心要の「ベイカーの、両性具有的なヴォーカル」に関しては、キーがすべて長2度低い（※追記2）。

「オカマ」「天使の声」と、聴く者の常軌を逸しさせ続けたベイカーの有毒な歌声の再現、その失敗が、盲点のように全く見えないまま、本作は淡々と美しく完結する（破滅的な謎の死、までは描かれず、希望に満ちた復帰劇の始まり、で終わる）。「天使であり、悪魔である」という、手垢に満ちたイメージを、ここまで忠実に守った芸術家は、ジャンルをジャズのみならず１００％広げても、チェット・ベイカー以外にはいないだろう。

（『ブルーに生まれついて』劇場プログラムを加筆・修正）

追記１　「何と」と云う大げさな感嘆が大げさではないほどに、本作での「ジェーン」のモデルはアンリアルである。ジャズのアルバムジャケット写真を数多く手がけ「ジャズ・カメラマン」とまで言われ、本人自ら、みずらかの写真を「JAZZ FOR THE EYES（ジャズを見る目）」と言ったウイリアム・クラクストンのブレイクスルー作、その名も『JAZZ SEEN』（１９９９年）は、リアルなポートレイトと、かなり作り込んだファッション／ＣＭフォト風の混合物だが、チェット・ベイカーに関しては、後者に大きく力点が置かれている。

まるで、ケネス・アンガーが『スコルピオ・ライジング』（１９６３年）等、一連のゲイ・フィルムで撮影した、美しきゲイ・ピープル達の相貌のように、唇に強めのリップグロウを塗って光線で輝かせたり、汗の粒をアップで撮ったりしたチェット・ベイカーの作り込みポートレイトは、大衆的にはヒットせず、美しく聡明な黒人の恋人との、まるでプライヴェート・フォトのような2ショットは、未だにクラクストン＝ベイカーの代表作としてアイコン化している。『ブルーに生まれついて』に於ける〈ジェーン〉は、明らかにこの撮影用のモデルをそのまま実在の女性（妻）としている、と云う意味で、少なくとも伝記映画のキャラクター造形としては前代未聞のケースである。

また、この写真集の名をタイトルにし、クラクストンを主人公とした『JAZZ SEEN カメラが聴いたジャズ』（2001年）と云うドキュメンタリータッチの劇映画も制作されており、この作品のトホホ感も破壊力抜群である。彼を映画人とするのは拡大解釈ではあるが、イーサン・ホーク、後述されるロルフ・ヴァン・アイク監督（オランダ人）、ベイカーを演じたスティーヴ・ウォール（アイルランド人）等と並び、クラクストンも「チェット・ベイカーに狂わされた映画人」の一人としてカウントすることは非現実的ではない。

追記2　絶対音感がない限り、この現実は事後的に検証するしかない。しかし、絶対音感が無くとも、ベイカーの音源を何千回も聴き込んだファンであれば、「ん。なんか地味だな」と感じるに十分な、このキー下げは、本作の「無理くりのハッピーエンド」と云う史実修正に一役買っているとしか著者は思えない。そんなに移入してるなら頑張ってオリジナルキーで歌えよイーサン！と励ますことは容易い。しかし、本作にじっとりとへばりつく、〈鬱感覚によって、リミット以上の凄惨さに耐えられない精神状態から生み出された、奇形の平和と幸福〉が、最重要レパートリーの1曲のキーが、多くの観客に気づかれないまま下げられている——悪夢的なアンドロジーナス性を去勢し、「渋く」まとめてしまっている——と云う事実と、強く直接的に結びついている事は、音楽を愛し、映画を愛する者の目と耳に明確である。

〈生誕90周年&没後30周年映画〉って、どんな記念だよ？しっかりしろ欧州人／『マイ・フーリッシュ・ハート』と云う、最新の亡霊について

結論を先に書けば、こう云うことになる。本章を熟読いただければ明白であるが、「チェット・ベイカー映画」に対し、合衆国はテストラン的なデビュー作以降、一切出資していない。この事は示唆的であると同時に図式的とも言えるだろう。

２０１８年製作（日本公開は２０１９年）の『マイ・フーリッシュ・ハート』（※追記１）は「チェット・ベイカー生誕90周年&没後30周年記念作品」であるが、どこからどう見ても、「ベイカーが謎の死を遂げた現場がアムステルダムの娼館街にあるホテルだった」と云う事実一点張りのオランダ映画である。

そしてそのストーリーは、敢えて一切書かないことにする。『MILS AHEAD』には、実際マイルスが何をしていたかわからない空白の5年間の中の数日を描いていた、と云う「言い逃れ」が十分可能だし、『ブルーに生まれついて』は、イーサン・ホークの個人的な症状が、『レッツ・

ゲット・ロスト』以降四半世紀以上が経ち、初めての劇映画として、チェット・ベイカーと云う触媒に触れてしまった結果感があるのに対し、『マイ・フーリッシュ・ハート』の止め処ない自堕落さは目も当てられない。この映画をこよなく愛し、著者の酷評に異議がある者がいたら、好きなだけ反対の論陣を張って頂いて結構である。

これはもう、ベイカー本人は言うまでもなく、遺族もファンも研究家も含めた、全てのベイカー関係者への侮辱になり得る、何でもあり死人に口無し作品であり、ドッペルゲンガー、ゲイ、クライムサスペンス、DV問題、等々、「退廃的で破滅的で暗い素材（オランダ産）」の闇鍋であって、ベイカーの死地がアムステルダムであった事が不幸であったとしか総括できない。何しろ、「謎の死」に対して、明確かつ唖然とするような古臭くファンタジックな「正解」が与えられているのである。

死の直前、老いたる（とまれ58歳。検死官が70代と推定したと云うのは事実で、これは35歳で亡くなったチャーリー・パーカーを、当時の検死官が「60代の老人」と検死報告書に書いたと云う事実のエコーである）ベイカーを演じるアイルランド人ロック歌手スティーヴ・ウォールは、「よく見れば、似ていなくない、と言えなくもない」程度のイーサン・ホークに比べれば、フランケンシュタインの怪物と、十字架によって瀕死に追い込まれたドラキュラ伯爵のキメラのような老醜のベイカーを、見事にトレースしているものの、肝心の「1曲歌うキメのシーン（タイトル曲を歌う）」は、実在するライブ盤からのトレースで、画的には完璧であるが、歌声のカリカチュアライズがキツ過ぎ、まるで瀕死の老人のシャンソンのように声が擦れ、震え、とうとう歌唱中に昏倒したりする。要するにヤリ過ぎのモノマネになってしまっている（実際のライブ盤では……と云うより、ベイカーの天才と凄みは、ルックスがグロテスクなまでに変容しようとも、歌声は生涯ほとんど変わらなかったことにある）。ウォール本人曰く、研究し尽くした結果、鼻の穴にティッシュまで詰めたのである。

ベイカーを、天使と悪魔、破滅の美学、美醜の相克、退廃の甘さ、死とエロス、といった紋切り型に収まる、オスカー・ワイルド（詩人／アイリッシュ）やエゴン・シーレ（画家／オーストリッシュ）、果てや20世紀初頭の人であるジョルジュ・バタイユにまで至る、19世紀末欧州芸術家人脈の現代版と捉えるのは、ある意味で欧州人の特権であろう。しかし、誠実に特権を行使するのと自堕落に既得権益を振り回すのは全く別の行為である。しっかりしろ欧州人。

合衆国人と日本人は、ベイカー理解に於いて、余計な文化史的バイアスがない。しかし実のところ、我が国は兎も角、合衆国人にすれば、ベイカーはイグザイラーであって、内心は厄介者を欧州に預けて、つまり臭いものに蓋をしているのだ。この罪は小さくはなく、現在に至っても罪状は現役である（※追記2）。ジャズ研究家としての著者の私感では、イタリアこそが晩年のベイカーを健康的に愛し、評価し、建て直した国家であり、これはルチオ・フルチとディノ・デ・ラウレンティスが犯した罪への贖罪、つまりイタリア映画界の失敗をイタリアジャズ界が30年近く後に取り戻したと云う些かフロイド的な構図であろう。ベイカー晩年のイタリア盤は、ほとんどが強度のある名盤で、つまりは狂わされていない。しかしベイカーはアムステルダムで没した。

著者の希望は、合衆国もしくはイタリア、もしくは日本が、ベイカーに狂わされていない人材によって制作するベイカー映画である。しかし、果たして、然るに、それは幸福な作品なのだろうか？　そしてもしそれが幸福なのであれば、どの程度、どのように幸福なのであろうか？　ひょっとすると、と言葉を選ぶが、『ボヘミアン・ラプソディ』を観れば、クイーンのレコードは聴かなくとも良いのかもしれない。『ロケットマン』を観れば、エルトン・ジョンのCDは聴かなくとも良いのかもしれない。

近年まで制作され続ける「狂ったベイカー映画」は、そうした、映画と音楽の幸福でフェア、かつ力強い結びつきを一切持たない。動画サイトで、1曲だけで良い。ベイカーの歌声を聴いてほしい。未聴であればあるほど（既聴者であろうと）、あなたの感受性は震撼する筈だ。その時あなたが、欧州人に同情するか、欧州人を唾棄するか、激励するか。あるいは同一化してしまうか、それはあなた次第である。ベイカーの音楽ではなくベイカー映画は、あなたの欧州人度数の検知器であると同時に、あなたを侵蝕し、発症させるかも知れない、悪質なウイルスでもある。

追記1 『レッツ・ゲット・ロスト』『ブルーに生まれついて』『マイ・フーリッシュ・ハート』は全て、ベイカーの愛唱曲の名であり、かつベイカーの作曲ではない（彼は生涯、オリジナル曲を自ら作曲することはなかった）。

追記2 詳述すると本書が映画批評ではなく、欧州人の、マッチョな合衆国文化へのアゲインストと云う、一種の文化的、精神的抵抗についての論文に肥大する恐れがあるので最短に省くが、ジョアン・ジルベルトが没する直前に最後の失踪をした。それを追った『ジョアン・ジルベルトを探して』（2018年）を、いかなジョアン逝去直後に公開されたからといって、ボサノバ映画として配給、宣伝した関係者には猛省を促したい。あれはドイツ人とフランス人が、ジョアン本人、ボサノバ音楽、果てはラテンカルチャー総体（ついでに、コナン・ドイル＝シャーロック・ホームズの遺産）に対する侮辱であり、繊細さに宿る宝石のようにおおらかな価値に対し、トラウマを原料にした幼稚で醜悪なロマンティークが土足で踏みつけるような無神経で悪質なドキュメントであり、全ボサノバ愛好家に対しては、タイトルにフックされ、間違って観てしまわぬよう厳重な警告を発令することで、本章を苦目に締めくくりたいと思う。

第三章

ノーコメント復権の日に向けて
（コメント芸の日々）

自分の無芸ぶりを自信満々で棚に上げて書くけれども、ものすげーシンプルに言って、映画のコメントをする人たちは、もっと芸を磨いた方が良いと思う。消費者の発言力、批評性が、主にSNSによって飛躍的に上がっている現在、「著名人／批評家／関係者（作品の関係者。という意味ではなく〈音楽を主題とする映画に、音楽関係者がコメントする〉という具合のアレ）による、宣伝用のコメント」は、消費者にとって「まあ、ギャラが安い（か、ノーギャラ）から書きとばしなんだろうな」「だから、枯れ木も山の賑い、とばかりにいたずらに数ばかり増えているのだ」「見ないで書いている奴もいるだろうなあ」と見切られて当然の状況にあるし、実際に報酬は安いし、実際に枯れ木も山の賑いであるし（調査済）見ないで書いている奴もいるとしか思えない（無調査）。

「コメンテーターとは何か？」と大上段に振りかぶらずとも、プロアマ問わず（というか、プロアマは現在、液状化を回避できないけれども）これだけ短文が書かれ続け、コメント欄とコメントが横溢する世界に於いて、コメント芸達者が育成されない筈がない（逆説的に、SNSは民のコメント力を低劣化させ、体制批判を弱体化させる体制の罠とも評価できるが）。寸鉄人を刺す100文字強のコメントが達者な者たちが、長文が得意な批評家や、普段文章を書かない（恐るべきことに、もうそんな民は払拭されたのだが。「文章なんか書いた事もない」人物が一人もいない世界。というのはディストピアである。著者の亡父は料理人だが、レシピどころか遺言すら書いていない）「関係者」たちを解放し、公式の宣伝コメントを寄せれば良い。良質なコメントが数発あればインフレも起こらず、コメント代も少額で済むだろう。代わりに、頭を使うことになるが。

言うまでもないが、昭和まではその役割を配給会社の宣伝部の社員が担っていた。著者は還暦4年前にして何でも昔が良かったと嘯くような輩ではない、が、映画に対する短文は「コメント」よりも「コピーライト」が最適であると信ずる者である。これは、短文書きを職業化した一例である「コピーライター」時代が、バブルでありニューアカデミズムという、現在では最悪役である2者と同時代であった事による、と同時に、「コピーライターの時代」を引き継ぐ有能なコピーライターのニュースクーラーが輩出されず、「1億3000万総コメンテーター時代」が、時代というものが押し並べてそうである様に、誰のせいでもなく、集合的に訪れた事による（著者的には）弊害と言えるだろう。でないと、著者に映画のコメント書きと云うオファーなど殺到する筈がない。映画好きにとって著者は、本業も副業もかなぐり捨てられ、「〈セッション〉に関して町山智浩と論争した人物」として認識されていると予想される（何せ、ヤフーニュースになったのである）。これが個人的弊害でなく何であろうか。

町山氏との論争は楽しいものであったが、『セッション』へのコメント（結果として採用されなかったので、正規コメントは「していない」のだが）が著者の童貞破りではない。SNSがない前近代から、現在ほどではないがコメントを求められてはいた。それがいつからで、最初の作品が何だったたか、といった事は全く覚えていないが、かなりの数を書いた。

始まりは恐らく、拙著『憂鬱と官能を教えた学校』『東京大学のアルバート・アイラー』（共に大谷能生と共著）が上梓された04〜05年あたりからだと思う。映画（だけではないが）の批評を今、強引に二極化するならば、極右が、昔日は「印象批評」等と揶揄された、私的／詩的な散文で、極左が構造分析と言える。歴史的に、人文的なるもの全般に構造分析が行われるようになってから日が浅いので左翼としたが、著者がアナライズをポピュラー音楽に対して行った時は、町山氏どころではない騒ぎで、大変喜ばしい事には、殺害予告や恫喝も山ほどあった。現在、構造分析が右傾化（体制化）に向かっているのはご存知の通りである。それほどアナリーゼは抑圧されていたのだ。

とまれ、こういう事になる。著者は一種のマッチポンプで、アナライズという、外来種の獣を野に放っておきながら、優秀な「詩的散文」を、昭和のノスタルジーと、現在性という二極で強く求めている、と。それが誹りを誘発するか賞賛を誘発するかは予想もつかない。恐らく、どちらも、であろう。現在、筆者は「断り切れないほど」のコメントを求められ、その中には「なんで？（笑）」という作品が「是非、コメントを頂戴したく」という手紙と共に送りつけられてくる。本章は当初、「なんで？（笑）」作品の一覧で構成するつもりだった。奇妙な事に、封も開けただけで手付かずの「なんで？（笑）」作は、恐らく封を開けただけで手付かずだからであろうが、全て保存されているのである。

しかし、数作の名前をキーパンチしている間に、予想通り気が滅入ってしまい、一転して「過去の映画用のコメントを全て網羅する」事にした。しかし今度は、そのコメント原稿の大半が消去され（「されれ」って、自分で消去したんですけどね）、以下の僅か15コメントしか発掘できない、という危機的な事態に陥った（自分でもびっくりしたよ）。

なので、規模的にも挿章として、「自分が書いたコメントに対して自分でコメントする」という二重コメント芸を御披露することと相成った。それにしても昭和は良かった。何もかもが。禁止、不可能、自主規制、といった抑圧的、受動的な「ノーコメント」ではなく、自主的、能動的な「ノーコメント」が生き生きと存在していたのである。「抑圧がなければコメントしてしまう」というジャンキー（彼らは全員、「売ってさえなければやらない」とコメントする）の赤い靴的世界が終わり、本来の「ノーコメント」の能力を人類が再び取り戻す日まで、著者はコメントを続ける所存である。

『さらば、愛の言葉よ』（2014年／ジャン=リュック・ゴダール監督）

予想通り、そして予想を遥かに上回る老境ゴダールの自己更新。世界初の3D非娯楽映画

↓

「世界初の3D非娯楽映画」だけで良かった。と反省している。ゴダールの真の老境に関しては第一章にある『イメージの本』の批評を参照されたし。

『AMY エイミー』（2015年／アシフ・カパディア監督）

多くの日本人は、彼女を「BEHAVE」という曲の一発屋で、ビッチなジャンキーだと思っている。しかし、事実は全く違う。曲名は「Rehab」つまりリハビリ施設の事であり、ジャズ歌手だった彼女は、愛に一途で、21世紀を代表する作詞家に成り得る詩人の血と、短い人生を手にした本物のブルーズ・ウーマンだった。アマチュア時代のホームムーヴィーから死体の搬出までが映し出される本作は、彼女の歌うシーンの全てに、その歌詞が、守護天使として映し

出され、彼女のオーラとひとつになる。ただの悲痛さに流されない強さを持ち、「レディー・ガガとは何者なのか？」という問いまで喚起する、全音楽ファン必見の、本質的な音楽ドキュメンタリーの傑作。

←

「BEHAVE」は「(〜のように) 振る舞う／行儀良くする」の意。エイミー・ワインハウスとレディー・ガガに関しては一章にある『アリー／スター誕生』の批評を参照されたし。「愛に一途だった＝ビッチではない」件については『エイミー』をご覧いただくしかない。死語だが「だめんず好き」の彼女は、自分を搾取し、ジャンクしてしまう男を深く愛するという症状があり、高い確率で父親との関係に起因している。本作はそのことを活写してしまっている。

『わたしは、幸福（フェリシテ）』（2017年／アラン・ゴミス監督）

アンリアルなほどの現代コンゴのリアル。ドキュメンタリーでありアフロ・マジックリアリズム。神話とダンスホール。夜と昼の意味の違い。幸福とは？　アフリカ音楽のみならず、音楽の崇高さに触れたことがある人々は全員が必見。

←

詳しくは第四章にあるアラン・ゴミス監督との対談を参照されたし。「アフロ・マジックリアリズム」は、ラテンアメリカの文学発祥である「マジックリアリズム」に対置させている。著者は幾人かの映画監督と知己があるが、最も紳士的で静的な人物であった事を記しておく。

『お嬢さん』（2016年／パク・チャヌク監督）

エロ／グロ／歌舞伎／ピーター・グリーナウェイ／このミステリーが凄い／萌え／英国式と日本式と韓国式の折衷様式／とてつもない深みと厚みのエンターテインメントが登場。これぞ最高級のクール・コリアン。あらゆる人々に必見。

←

本作の批評は、前著『菊地成孔の欧米休憩タイム』に収録。パク・チャヌクは大方の予想通り、再び（長きにわたるであろう）準備期間に入ったが、本作ほど紹介を感謝された作品はない。「クール・コリアン」は「クール・ジャパン」に対置させたつもりだったが、著者は未だに「クール・ジャパン」か「ジャパン・クール」かがわかっておらず、また、わからない方が良い（「どっちでも良い」ではなく）、と考えている。

『皆殺しの天使』（1962年／ルイス・ブニュエル監督）

いま、いたずらに公開しても、大量のバカに〈意味がわからない〉と言われるだろう。それで良い。どんどん好きなだけ言わせるが良い。人間は、自由なんかでは無いのだから。私の血の一部は、間違いなくこの映画から出来ている。

←

ブニュエルは批評誘発力に於いて屈指の、つまり「語らせたがり」の映画監督の一人だが、ここでは、前衛映画を「意味がわからない」と切って捨てる「語りたがり」たちを愚者と切って捨てているのではない。人間の自己拘束力について、異常値を示している本作そのままに、あらゆる「コメント」は発言、発信の「自由」がもたらしているのではない。という事実について「コメント」しているに過ぎない。

『スリー・ビルボード』（2017年／マーティン・マクドナー監督）

現代のシェイクスピア演劇。『マンチェスター・バイ・ザ・シー』型の、アメリカ郊外のホワイトトラッシュを描くも、飛び抜けた感性と構築力で感動を呼ぶ。

←

本作の批評は第一章に収録。

『それから』（2017年／ホン・サンス監督）

「人生は、ほとんど同じことを繰り返しているだけだ」と、自作の反復性を説明して見せた、愛までを観察の素材とする、ホン・サンスの人生に初めて生じたスキャンダルという綻び、それが作品にどう現れたか？　スリリングでシンメトリック、リリカルなミニマリズム。

←

日記のような量産状態が、停止という極端な形を迎えたかに見えるホン・サンス。キム・ミニも併せて停止という状況について、つまり「それから」どうなったか？について筆者は何も知らないが、ミニマル芸術の全ては停止によってしか終了しないし、再開によってしか開始しない。「それから」と言って停止する例は少ないとも言えるし、全ての停止は「それから」の次に訪れる。とも言える。

『バスキア、10代最後のとき』（2017年／サラ・ドライバー監督）

なんだかんだで結構な数があるバスキアのドキュメンタリーだが、巨大なフェームとプライズを得る前の、ファンならば有名な彼の前史的な活動（バンドやグラフィティチーム等）にフォーカスを当てた実直なドキュメンタリー。今見るとまるで中東の町のように見える70年代末のニューヨークに改めて愕然。

←

のちに、六本木ヒルズ内、森美術館で催された『バスキア展 MADE IN JAPAN』のトレーラー番組に出演し、番組の企画で、一人で（照明とカメラは付いて来たが）展覧を好きなだけ観、出演者全員でトークした結果、得た結論は「未だバスキアはきちんと語られてはいないのではないか？」という事だった。これは悪事ではない。観られても観られてもきちんと語らせない、解ってても解ってもきちんと語らせない力。こそがバスキアの力である。結構な夭逝であるのに、夭逝から得られる一般的なイメージが全くしないバスキアの前史的音楽作品は、現在全て動画サイトで聴く事が出来る。それは、ある程度の音楽的、文化史的な知識があればあるほど実物と違う想像をしてしまうような物である。コメントは尻切れていて、厳密には「愕然とするだろう」が正しい。

『岬の兄妹』（2018年／片山慎三監督）

目を背けたく、吐き気を催すほど悲痛な傑作喜劇

←

この文字数が、正しく「コメント」の文字数であろう、という意味で、最も成功したコメントだと自負している。

『アリー／スター誕生』（2018年／ブラッドリー・クーパー監督）

クーパー!!ガチびっくりしたよ!!すげえじゃん!!!（ガガは想定内）

←

第一章を参照されたし。

『COLDWAR あの歌、2つの心』（2018年／パヴェウ・パヴリコフスキ監督）

60年代初期の〈東欧ヌーヴェルバーグ〉の再現的な継承。

ホン・サンス等と並ぶ、〈21世紀ヌーヴェルバーグ〉の、異様なまでの傑作。

←

予想を超えてヒットしなかった佳作（おそらくタイトルのせいだと思われる。原題と邦題がどちらもイマイチ。相殺してダメダメに。という稀有な例だと思う）。とにかく異色網羅的な音楽が素晴らしく、しかし、音楽についてコメントすると文字数がとても足らず、〈まんまヌーヴェルバーグ〉枠でのコメントとなったが、同様コメントが一つもなかった事に軽く驚いた。所謂「東欧ヌーヴェルバーグ」のマニアの90％超がサントラ並びに東欧ジャズのマニアだという、薄々解っていた事が可視化された瞬間。

『カーライル ニューヨークが恋したホテル』（2018年／マシュー・ミーレー監督）

出てくる人々を一人も知らない人から全員知ってる人まで感想は同じだろう。これを観てうっとりしない奴は病気か最新の人類だ。「バーグドルフ&グッドマン／魔法のデパート」「ティファニー／ニューヨーク五番街の秘密」に続く、マシュー・ミーレーの「ニューヨークのアイコンを誇るドキュメント三部作」の最高傑作。

←

第四章の森直人氏との対談を参照されたし。唯一の自主規制が入ったコメント。規制を撤廃すると、「マシュー・ミーレーのゲイ感覚溢れる」。カムアウトはないが、作品に堂々と美しく流れている。という事への誤解を恐れて。

『アス』（2018年／ジョーダン・ピール監督）

真の意味で全く新しい映画。全てがうまくいった松本人志作品。「劇場版のテレビコント」が映画史を根底から揺るがす。

←

拙著『ユングのサウンドトラック 菊地成孔の映画と映画音楽の本』（2010年／文庫版2015年）は、前書きからシームレスに松本人志監督作品の全批評に入るが、的を得ていなかったか、反応は薄かった。このコメントの1／10程度に。「なんだよ〜みんな解ってんじゃん。ダンマリやめてよ〜（焦）」と冷や汗をかかされたコメント。

『ブルーノート・レコード ジャズを超えて』（2018年／ソフィー・フーバー監督）

近年、ジャズのドキュメンタリーは佳作が多いが、本作は気負わず、かつハイクオリティで、歴史に対するリスペクトや、ジャズを演奏する喜びと敬虔さがカジュアルに伝わってきて、ジャズのみならず、全音楽ファン、映画ファンに堂々とお勧めできる傑作である。ルー・ドナルドソンが、しゃがれ声で言う。「バードみたいに吹けるか？と言われたんで、イエスと答えた。出来る訳ないのにな。ブルーノートから出したかったんだ。あはははははは」これだけで筆者は落涙。

←

これがまあ、本業との兼ね合いでコメンテーターとして最も座りの良い仕事であろう。付け加えるとしたら、ブルーノートとECMという両極にドイツ人乃至ドイツ系の人物がもたらした功績。という、ジャズマニアであれば誰でも知っている事実のみである。本作はその、忘れられがちな重大事を改めて教えてくれる。ECMレーベルについては第一章『イメージの本』批評をご参照いただきつつ、補足的には各自御検索のほど。

『去年マリエンバートで 4Kデジタル・リマスター版』（1961年／アラン・レネ監督）

美しすぎる記憶の錯綜、迷宮としての美しいホテル、絶え間ないオルガンの美しい不協和音、美しいシャネルの服と美しいモノクロ撮影、美しい俳優と女優に、美しいほど難解な原作小説。あらゆる美しさの贅を尽くして出来上がった、世界そのもののような、誰にも指一本触れられない厳格な存在性。そして、4Kデジタルリマスタリングで蘇ったのは、驚くべきことに、シャネル・ムーヴィーとさえ言える、映画史上最も贅沢な、二度と作られることのないオートクチュールの広告動画。

←

　これがまあ、本業との兼ね合いでコメンテーターとして最も座りの良い仕事であろう。付け加えるとしたら、4Kデジタルリマスタリング版の劇場パンフレットの特筆すべき優良さで、シャネルと本作、シャネルと劇映画、劇映画とパリモードについて（例えば、ブニュエルの『ブルジョワジーの秘かな愉しみ』〈1972年〉に対するジバンシィについて）著者が知っている事、知りたかった事が全て書いてある。という事実のみである。シャネルだけが何故、ファッション広告に掌編映画のスタイルを採り続けているか。その原点。シャネルとジバンシィについては補足的に各自御検索のほど。

第四章

監督と評論家との対話

ここ最近、非常に意欲的かつ先鋭的な、若い映画監督と対談の機会を頂いたので、2つご紹介したいと思う。勿論、実際には同時通訳者が帯同されているが（仏語←→日本語と、スウェーデン語←→日本語）、とても素晴らしい同時通訳者の御氏名はお二方分共に手元の資料に残っておらず、残念ながら掲載できない事を最初に謝罪させて頂く。シンプルとはとても言えない発言を的確に訳して頂いて有難うございました。

もう一つは、映画評論家の森直人氏とのイベント（氏とは過去3回同じ形式で対話している）のテープ起こしである。こちらもテープ起こしをして下さったスタッフ名が資料になく、無記名となってしまう無礼をお許し下さい。森氏は、2番目にご紹介する、リューベン・オストルンド監督との対話では、司会役も務めて下さり、この章の中間に位置する。森氏にも最大の感謝を捧げたいと思う。

先ずは『わたしは、幸福（フェリシテ）』のアラン・ゴミス監督との対談である。一般上映用パンフレットに掲載された。他章にも記した通り、著者が対話した全てのクリエーターの中でも、最も知的で静的で思索的な紳士であった事を特記させて頂く。全ての対談のテープ起こしがそうであるように、実際には文章化された分の何倍も長く対話があった。何倍かわからない程度に。

アラン・ゴミス監督×菊地成孔 来日対談

二人が会ったのは、アラン・ゴミス監督来日の初日。その朝、日本に到着したばかりのゴミス監督だったが、音楽だけでなく、映画にも造詣深くまたアフリカに対する知識も関心も豊富な菊地さんとの対談は、すっかり疲れを吹き飛ばす刺激的なものとなり菊地さんの口から発せられる単語をキャッチしては身を乗り出して通訳を待つ、そんな楽しい対談になった。

＊

菊地　本当に大げさでなく魂を揺さぶられるような感銘を受けました。アフリカ映画はドキュメンタリーも劇映画も数が少ないので、アフリカ音楽を研究している立場としてほとんど拝見していて、監督の映画と同じくキンシャサで撮影された『キンシャサ・シンフォニー』（201

0年）も観ていますが、『わたしは、幸福（フェリシテ）』は最も、紋切り型ではない、真のアフリカの姿を伝えている映画だと思います。僕自身がアフリカ大陸に行ったのは、一度ケニアに行ったくらいで、そんなに現地のことを知っているわけではないのですが、この作品を観た後に、その事をとても幸福な事だと思いました。

ゴミス　ありがとうございます。僕がこの映画で試みようとしたのは、すでに出来上がっているアフリカのイメージを与えることではなく、まさに今あるその街の感覚を伝えることだったので、そう言っていただけると非常にうれしいです。

菊地　ポルトガル人であるペドロ・コスタ監督の『コロッサル・ユース』（２００６年）という作品があります。その映画は〝ドキュメンタリーのカメラで劇映画を撮っている〟と言われていますが、大変素晴らしい作品で、確かにカメラのあり方はドキュメンタリー、でも撮っているものは劇映画、としか言いようがない。彼は、70年代のドキュメンタリストへのリスペクトを込めて、カメラ＝マイク一体型の機材を使わず、敢えて、録画と録音を別の機材で行い、後からシンクロし直しています。

近年そういう境界を超える映画が増えてますが、たとえば２０１５年には、日本人監督が撮った『Cu-Bop（キューバップ）CUBA〜New York music documentary』という作品があって、アメリカ合衆国と国交回復直前のハバナをドキュメントした映画なんですが、こちらはドキュメンタリーフィルムでありながら、まるでマジックリアリズム小説原作の劇映画のようなドラマ性を持っていて、ドキュメンタリーとフィクションの境目という感覚や、街を映すだけ、という行為が非常に強いメッセージを持っていました。そのことに、監督の映画と同様の感動を得ました。

ゴミス　僕たちが映画を撮っている時も、あるシチュエーションだけを作ると、その現実の中に俳優たちを置いて、彼らに相互作用を起こさせるということをよくやります。もちろんシナリオを書くときにシーンは書いてありますが、現場でいかにドキュメンタリー的な要素を持ち込むかということを常に意識しています。この方法ならお金をかけずに映画を撮ることもできますしね。街で撮影するときに通行人を全部ブロックする必要もなく、ある種の撮影システムだけ構築し、実際にあるシチュエーションの中に俳優たちを放り込めば、周囲の人たちも映画に対して何らかの影響を及ぼしてくれると考えています。

菊地　非常によくわかります。一方で、先ほどの『Cu-Bop（キューバップ）』の例でいえば、ハバナの街でとにかくカメラを回しておけば、世界中の誰も見たことがないような画が映る、一つの映画的な効果が約束されるわけですけど、たとえば、有名なモハメド・アリとジョージ・フォアマンの試合が延期され、そして中止になって宙ぶらりんになった音楽祭を描いている『ソウル・パワー』（2008年）は、逆に、ほとんどストリートが出てこないドキュメンタリーであるわけです。一方、『わたしは、幸福（フェリシテ）』では一部の人たちに注目されている「サプール」と呼ばれる、非常に奇妙な遊び人の集団や、名ばかりで、その姿を観たことが無い、キンバンギスト交響楽団が実際に観られるという側面もありますが、そういったドキュメント的な素晴らしさを持ちつつも、脚本自体がすごく優れている。両立の豊かさがあります。僕が想起したのは中南米文学で、ホセ・ドノソの『夜のみだらな鳥』（1970年）や、ガルシア＝マルケスの物語の終わり方、いわゆるマジックリアリズムと言われるものを感じました。

ゴミス　街をそのまま撮るということは非常に素晴らしいと思います。そのリズムとか息遣いを伝えるということだと思いますので、非常にチャレンジングなことであるとも思います。特にキンシャサという街は、見えるものと見えないものの境界線のような、ある意味、生者と死者の中間にあるような街だと思うので、その街を映画の中に映し込みたいと思ってたんです。そして文学との関わりですが、アフリカにもいわゆるマジックリアリズム的な本がたくさんありまして、たとえばナイジェリアの作家、ベン・オクリがそうですね。『ロルサ・ロペスの七つの孤独』（1985年）を書いたコンゴのソニー・ラブ＝タンシもそんな一人で、想像の都市の首都を別の街に移すと、中央省庁も道も川も全てが移行していくという話を書いた作家です。ベン・オクリの書いた『満たされぬ道』（1991年）は、今回の映画のために僕が参考にしたものの一つなんです。

菊地　ソニー・ラブ＝タンシは残念ながらエイズで亡くなりましたが、『ロルサ・ロペスの七つの孤独』こそ日本語で読めませんが、『一つ半の生命』（1991年）と『苦悩の始まり』（2000年）は素晴らしい翻訳があり、僕も大好きです。そして、いずれも翻訳者（樋口裕一・北川正）、読者たちが『ロルサ・ロペス〜』について熱心に紹介しているので、読んだ気になってしまう程です。著者本人が、ガブリエル＝ガルシア・マルケスやサミュエル・ベケットからの影響を明言していますね。ベン・オクリの『満たされぬ道』も、金原端人氏（※菊地註。小説家、金原ひとみ氏の御父君）の素晴らしい文章で翻訳されています。大変残念ながら日本の読者は多いとは言えませんが、奇跡的な文学の一つです。一方、文学に比べると、我が国にはアフリカ音楽のファンは数多く、カサイ・オールスターズは何度も来日してますし、音楽ファンにとってはこの映画は別の楽しみ方があると思います。カサイがバーのハウスバンドをやっているというのを観るだけでも痛快というか楽しいと思いますし、また（劇中でアルヴォ・ペルトを演奏している）キンバンギスト交響楽団について言うと、ベトナム戦争の胎動期にハノイに創立され、日本人が音楽監督と首席指揮者を務めるベトナム国立交響楽団や、文革が終わった直後にできた北京交響楽団、ペルーの山奥には正規の音楽教育を全く受けていない子供たちで形成されている交響楽団が存在しており、ジャーナリストによって紹介されたりしていますが、そういった周縁的地域にある交響楽団が放つ、異教性と聖性のキメラのような効果、という意味で、キンバンギスト交響楽団も、決して巧いわけではない、楽器すら揃ってないこともあるんだけど、彼らの演奏のみが持つ啓示的で特殊な敬虔さによる感動の質は、極めて瑞々しく、その名こそ（ベネズエラの教育システムの）エル・システマのアフリカ版として有名ではありますけど、実際にこういう形で映像に収めたというのは素晴らしいと思います。『キンシャサ・シンフォニー』のようなドキュメンタリーだと物珍しさが勝りがちですが、この映画では全く何の説明もなく彼らの映像が挿入されていることによって生じる効果が非常に大きいと思います。この作品は生と死から始まり、朝と夜とか、いろいろなものを対比しているとは思いますがカサイ・オールスターズとキンバンギスト交響楽団＝アルヴォ・ペルトとの対比が素晴らしいし、音楽ファンにもすごく嬉しいものだと思います。

ゴミス　カサイの音楽は現地ではフォルクローレという伝統的な音楽と位置づけられていて、バーでも歌われますが、お葬式で歌われるんです。ある意味、先祖と現世の人を結ぶ音楽でもあります。それがバーで演奏されることで、トランス状態が作られるわけです。そしてカサイの音楽は、電気、エレクトロというかロックとも混ざりあって、伝統と現在が混ざりあったようなものになっていると思います。また、キンバンギストの音楽も、もちろんペルトの有名な曲ですが、彼らが演奏することによって全く別のコンゴ風の音楽になってます。菊地さんが今言われたように、この二つの音楽が対話をしながら、この映画の一つの音楽を作っているんです。

菊地　仰る通りです。アルヴォ・ペルトはいわゆる疑似的な宗教音楽が作風だといわれていて、それは端的にクリスチャン（キリスト教徒）をイメージとして示している。キンシャサは、この映画の中でも描かれているように、キリスト教の人が多いわけですが、多くの日本人はアフリカ諸国とヨーロッパという、ある種の垂直関係にあるキリスト教と、真横というか水平の関係にあるイスラムや土着信仰とのバランスがどうなっているのか知りません。今我々が、宗教的な音楽を聴いたときに、ストレートに宗教的感動に到達することはなかなか難しくて、特にキリスト教的音楽となると、それは「クラシック音楽」というフォルダに入れられ、さらに難しいんですが、僕も音楽家の一人として、この映画のキンバンギスト交響楽団が与える、ショックにも似た宗教的な敬虔さは観終わった今でも頭から離れません。

ゴミス　僕もそうです（笑）。アマチュアが演奏する音楽って一種のはかなさや脆さみたいなものがあって、たとえば俳優でいえば、プロの俳優じゃない人が初めて演じるときに、ちょっと失敗したらどうしようというような、その頼りなさや脆さが、特に誠実さも相まって美しいものを生むことがありますよね。

菊地　僕もそう思います。この映画はあらゆる二つの対比が出てくるという話を先ほどもしましたが、キンバンギスト交響楽団がこの映画で果たしている役割という中には、一つは教養主義に対するものがあると思いました。アフリカ大陸は長く侵略を受けて、そしてポストコロニアリズムからオーケストラが定着した……それで僕が思い出したのは、（アフリカでの医療活動でノーベル平和賞を受賞した）アルベルト・シュヴァイツァーが、熱心なバッハ弾きであり、オルガニストであり、さらにはオルガンを制作することもでき、それを現地で制作してアフリカで最初にバッハを弾いたことです。子供達は民族楽器である太鼓を持ってきて、共演した、という写真も残っています。キンバンギストやカサイ・オールスターズの音楽もそうですが、この映画が見た人に与える感覚には、教養主義と無教養主義というか、何もかもを初めて聴く子供のような感覚と、アフリカの歴史の中でなぜオーケストラが少ないのかという歴史的な教養からくるものがあります。植民地時代のアフリカという歴史的教養があるうえでの感動と、無教養な状態から出てくる、何教かすらも全くわからない宗教的感動が襲い掛かってくる。本来なら分離しているはずの両者、歴史を知っている立場と、何も知らないで見る立場という二つの感覚が同時に押し寄せてきて素晴らしかったです。

ゴミス　僕は、映画というのは映画館のスクリーンで起こっているわけではなく、観る人の心の中で映画が起こっていると思っていて、ちょっと抽象的な言い方になってしまいますが、僕たちの仕事は物事と観客の間に空間を作ってあげることで、その空間の大きさを作ることが大切な仕事だと感じてるんですね。二つの対比というのは言い方を変えると、そこに様々な距離をとることによって、壁にボールが当たって跳ね返ってくるように、アルヴォ・ペルトの音楽とカサイ・オールスターズの音楽が壁に跳ね返りながらお互いに共鳴しあっているんだと思います。僕が初めて感激した映画は、たぶん10歳か11歳ころに観た日本の小津安二郎監督の『大人の見る繪本 生まれてはみたけれど』（1932年）なんです。観た時の驚きはすごくて、白黒で無声映画で日本で、なんだこれは、と思いつつ、自分の中に何か語り掛けてくるような気がしたんです。今思い返すと、自分と映画の間にある空間がより大きな感動を生み出したんだと感じてます。そういう意味でも、僕は観客との間に空間を作ることが映画監督の仕事だと思っているんですよ。

菊地　小津の作品を賞賛する海外の監督は数多いですが、最も嬉しく、的確で、尚且つ魔術的なリアリズムを感じるお言葉です。監督の仰る「空間」の意味が理解できましたし、日本人として誇りに思います。『わたしは、幸福（フェリシテ）』は仰るように、空間をつくることに大きく成功していると思います。動揺に近い感動を覚えましたが、それは、自分と作品の間にある、どこまで手を伸ばしても届かない、空間のあり方に依るものだと思います。多くの日本人はハリウッド映画を見ているので、主人公のフェリシテの表情すらおそらく読み取れない、彼女の絶望や喜びがどれくらいのものかわかるくらいには目が慣れていないと思うんです。だからこそ、というところもあるんだけど、機能的な、ハリウッド式の、情報が転がっていって感情を動かすエンターテインメントとは全く逆の、非常に心の深いところが動く映画だと思いました。僕が思う本当に優れたカメラというのは、偶然か必然かもわからないんだけど、一種の不条理的なアイコンをとらえてしまうものなんです。この映画でいうと、交通整理か何かのロボットが出てくるシーンでうけたショックです。ジャ・ジャンクー監督の『長江哀歌』(2006年)の中でただの古い廃屋だと思ってた建物が、最後の方で、ロケットとして宇宙に飛んでいくという素晴らしいショットがあります。僕はそのイメージ的な連結で、あの、ボロボロのロボットから『長江哀歌』のロケットを思い出しました。ジャ・ジャンクーのロケットは作り込まれた特殊撮影ですが、その対極にある、全く関係のない長回しのシーンに偶然映り込むロボットは世界中の誰が観ても、共に大きな空間を作り出すと思いますし、この映画が高次元の素晴らしいカメラに恵まれていると思いました。

ゴミス　表情がわかりにくいということに関してですが、コンゴ人のなかにも表情豊かな人や、あまり表情豊かでない、あまり本性を見せない人もいて、今回はあまり表情を見せない人を選んだせいもあるかもしれません。それは先ほど言ったように、距離を作ると言うことに繋がっているんです。表に出さないということで距離を作って、観客が(彼女は)何を考えているんだろう、と自分に問いかけることでより深く感じてもらえると思ったからです。カメラについてですが、撮影監督はセリーヌ・ボゾンという、今までトニー・ガトリフ監督などと仕事をしてきた人で、僕にとって最も信頼のおける人です。映画は共同作業なので、ある意味インプロヴィゼーションですよね。また今回はデュード・ハマディというコンゴの若いドキュメンタリー監督も撮影を手伝ってくれたので、僕も観客のように新鮮な目でキンシャサの色んな表情を知ることができたと思います。

菊地　あなたの母国（西アフリカ――セネガル――系のフランス人）といっていいのかわかりませんが、僕がフランス映画で、この作品と同様のショックを受けたのは、『ラルジャン』（1983年）というロベール・ブレッソンの映画で、それはプロの俳優が出てこなくて、いったいこれは何なんだと、リアルな感覚でありながら不条理な感覚があり、とても狭苦しい感覚と、巨大な砂漠のような空間感覚が共存しています。映画とは何かと問いかけられるような作品でした。監督の作品で素晴らしいと思うことの一つは、この『ラルジャン』もそうですが、アンダースコアと言いますが、いわゆる劇音楽が一切ないことです。映画の中で演奏される音楽があるだけで劇音楽が全くない。映画というのは大体はそのシーンに合わせた劇音楽が簡単に鳴ってくるものなので、この映画では、すごく深い静寂というか、キンシャサの夜の闇にも似た静寂が非常に長く続くために、音楽が鳴り始めた時の触発感が強いんです。これも監督が先ほどから言っているように、二つの音楽がキャッチボールすることによって距離感がでて、何かが生み出されるという感じがフィロソフィーとして行きわたっていて成功していると思います。

ゴミス　ありがとうございます。ロベール・ブレッソンの話が出ましたが、実はブレッソンも僕に影響を与えた一人で、映画だけでなく彼が書き残したものにもすごく影響を受けています。ブレッソンは、必要なものだけを捕まえる、必要なものだけを使うという域に到達できた人だと思います。

菊地　『わたしは、幸福（フェリシテ）』では俳優たち、とくに主要キャスト三人とも非常に素晴らしかったです。あまり対比してはいけないですが、一般的な女優さんというのは、数分に一回は笑うし、怒るし、表情がとても豊かで、リズミカルなんだけど、豊かなだけに液状化してしまいがちだし、「表情のない役」というのは、無機的で冷徹な心性の表現とか、紋切り型になります。フェリシテが笑う、笑顔を見せるというのは、とてつもなく溜めが効いていて、この人はもう一生笑わないんじゃないか、と思うときに出る笑顔が、乾いたときの一滴の水、というような感じで、笑顔の意味合いや重みが強く、絶望の表情もおいおいと泣いたりしないんだけど、非常にエコロジカルというか、単なるミニマリズムとも違う、作り物じゃない悲しみが迫ってきます。特に片脚を失った息子が、それによって全く口がきけなくなっている状態から、その後彼がどのように変わっていくか観ていくと、それがタブーに酒を飲まされて酔っぱらって盛り上がるところで転じるんだというショックと、しかしこれは、間違いない現実だというリアリズムに引き裂かれるんですが、監督が敬愛される小津もブレッソンも、人間的と言われるものを止揚することによって、最終的にはどっちか分からなくなってしまう状態、あるいはどちらでもあるという状態にしてしまうんですよね。つまり、生が死を含み、幸福は不幸を含むというような境地に連れていってくれる。こういう作品というのは特権的とさえ言えます。文学やほかのジャンルと比べても映画は、その境地に行ける力が強いメディアだと思ってます。僕は音楽家なので、もっと生きる喜びの方に偏りがちだけど、映画だと人間の存在や生命をフラットに捉えられる、そういうエネルギーに満ちた作品だと思いました。

ゴミス　僕たちはこの映画で、時間とか風とか、すぐ消えてしまうようなものを何とか捕まえて、たとえ捕まえられなくても、そこに触れているものを見せたいと思っていました。僕が好きな作家にモーリス・メーテルリンクという人がいて、彼は、自分の好きなものはそこに名前を与えた瞬間に死んでしまう、ということを言っていました。

菊地　それは象徴ですよね。この作品にはそういった象徴的なものがたくさん出てきますが、オカピもそうです。フェリシテが森の中で、沐浴なのか入滅なのか、おそらくコンゴ川だろうという川に入るシーンがありますけど、そこにオカピがいる。両者は一瞬見つめあって、フェリシテは、ある平穏な状態に戻る。僕ら観る側には、キンシャサにはちょっと川に入って出てくるとオカピが普通にいるもんなんだ、ということなのか、あえて不自然にオカピを登場させたのかが全くわからないんですよ。全くわからないんですけど、そのことがどうでもよくなるというか、どっちでもあるだろうなと思えるんです。オカピというのがどういう動物であるかという知識もほとんどの人にはないだろうし、例えば神話的に出てくる意味があるのかないのかということも、何もわからない。まさに名前が与えられていない状況の横溢が、静かな連続となって、監督の意図が非常によく伝わっていると思います。

ゴミス　ありがとうございます。一つ思ったのは、僕は（コンゴの共通語である）リンガラ語はあまり喋れないんですけど、喋れない者同士がコミュニケーションすることによって、より分かりあうことがあるような気がしています。

菊地　（イタリアの映画監督の）フェデリコ・フェリーニの『フェリーニのアマルコルド』（1973年）という彼の伝記的な映画の中にクジャクがでてくるんです。その意味が全く分からなくて、なぜここでクジャクが飛んでくるのか、どんな象徴的な意味があるのかも全くわからないんだけど、我々は名づけようのない状態に感銘するんです。同じフェリーニの晩年の『そして船は行く』（1983年）という、船の航海中に第一次世界大戦が始まるというオペラの映画では、突如として、何の説明もなしにサイが船に積まれるシーンがあって、食べるのかどうするのか全くわからないんだけど、非常に印象的なシーンでした。そのような名づけようのない感覚が映画で与えられると、非常に印象に残りますね。今回、この映画にオカピが出てきた時に真っ先に思い出したのは、フェリーニのクジャクとサイでした。

ゴミス　オカピって生体数が少なくて、もう200体くらいしか残っていない動物で、コンゴの北部に棲息しているんですけど、半分キリンなのか、シマウマなのかよくわからない。不思議な柄があって足も非常に細くて、言ってみればちょっと間違った動物です。その存在自体がある意味神秘的なので、たとえオカピを知らなくても観た人は、もしかしたら物語の世界から生まれた動物かなというような印象は受けるのではないでしょうか。

菊地　その通りですね。しかも、オカピは儚くも強く実存するわけで……あ、もう（終わりの）時間ですね。素晴らしい作品をありがとうございました。

ゴミス　こちらこそありがとうございました。とても楽しい話を伺えて感謝します。

（『わたしは、幸福（フェリシテ）』劇場用プログラムを加筆・修正）

続いて、「新・北欧映画」とも言うべき作品を作り続けている、リューベン・オストルンド監督と、森直人氏との鼎談をご紹介したいと思う。こちらは、パルムドール受星作品、『ザ・スクエア　思いやりの聖域』（2017年）の上映終了後の映画館で公開の下に行われたものである。作品を観ても人柄がわからない監督というのはいるもので、オストルンド監督はまさにそれであったが、本人がアルペンスキーヤーでもあるというスポーツマンシップと、よく笑い、よく怒る、意外なほど陽気で明け透けな性格には少々驚かされた。彼は著者との鼎談が決まった瞬間から著者の作品を聴き、バックヤードではまず、拙作についての熱心な質問から始まったが、その部分は録音もされておらず、そして鼎談は「罪か恥か？」という、最も古くて、しかしいまだ根底的な問題をめぐって、紛糾に近い、長い議論になったが（そして最後は、スポーツの試合後のように、互いを讃え、肩を組んで宣材写真を撮る。という結果になったが）、ここではその「長い試合」の中枢の部分を抜粋して掲載する。

『ザ・スクエア　思いやりの聖域』
リューベン・オストルンド監督×菊地成孔 トークイベント（司会　森直人）

森　まず映画の感想からお伺いしてよろしいですか？

菊地　皆さんほとんどの方が同じことを感じたと思います。それは、我々はヨーロッパについて知っているようで、ほとんど現状のヨーロッパについては何も知らないということが一つですね。それは漠然と、福祉が行き届いていて、市民生活が非常に豊かな国だと思われているスウェーデンという国に、ゲトーがあって、ネオナチもいて、コジキになった人がカップを持って普通にショッピングモールとかにいるという現実とか。最近のユーロの映画はそういった作品が多く、名前をあげるなら『ありがとう、トニ・エルドマン』というドイツ映画があって。それはドイツのコンサルタント会社がルーマニアを食い物にしているという話なんですけども、そういうの僕らには想像もつかないリアルであって、我々のコンサバティブなヨーロッパの感覚を覆してくれたと思います。

オストルンド　まさかチンパンジーが出てくるとも思わなかったですよね？（笑）

菊地　そうですね（笑）。あのチンパンジーの男の人はリンチで殺されたんですか？

オストルンド　別に殺されはしなかったんですけど、あのシーンはもうちょっと長かったのを編集で短くしたんです。周りの男の人たちに取り押さえられている間に、チーフキュレーターのクリスティアンが止めに入って、「皆さんやめてください」と最後やってたパフォーマンスアーティストをステージにのせます。そして、そこで授賞式が行なわれる。パフォーマンスアーティストは「名誉な賞をありがとうございます」という。まあ、授賞式の一部だったということなんですけど、その部分をカットしました。最後のシーンで、記者会見をやったあとに、記事を見ようとして新聞をめくっているシーンがありますよね。そのときに、サルのパフォーマンスアーティストの記事も入れたらいいんじゃないかとアイデアが浮かんだんです。そのサルのパフォーマンスアーティストが包帯でぐるぐる巻きにされて、あのアーティストが美術館を訴えるという記事があったら面白いんじゃないかなと思いました。

菊地　モンティ・パイソンっぽいですね（笑）。

オストルンド　私はモンティ・パイソンが大好きです（笑）。

菊地　僕が作品を見て思ったのは、最初に申し上げた、北欧について我々はほとんど何も知らない。IKEAの家具はおしゃれである。ミートボールは美味しい。といったようなことしか知らない我々に、北欧の現状というものを、特にアートを教えてくれたというのがありますが、もう一つは、多分これは映画史上初めてだと思いますが、本人がモダンアーティストでもある方が、モダンアートの裏側というのを映画に素材として取り入れたことだと思います。それは、多くの映画ファンに限らず、モダンアートというのはただ単に部屋に砂だけ積んですごいお金がもらえるという、「あれはどうなのよ?」といった公然の疑問。しかし口にしちゃいけないというようなことに対して、パロディのようにして、まさにモンティ・パイソン的な形——単にブラックユーモアという一言ではかたずけられない居心地の悪い笑い——で回答されていると思います。

オストルンド　そうですね。お掃除の人が片付けてしまったというのは、実はボローニャの現代アート美術館で実際に起こったことなんです。清掃係の方がゴミだと思って片付けてしまったということは本当にあったんですね。その作品は煙草の吸殻と古いシャンペングラスが床に置いてあるというものだったんですが、清掃係の方が「あ、これゴミだ」と思って綺麗に片づけてしまった。その作品が500万ユーロくらいの保険がかかっていたので、どうしようかと困ったという事実があったので、そういうところからインスピレーションを得たわけです。

菊地　そうして、モダンアートを、バックヤード込みで初めて扱ったということに驚きを禁じ得ないまま作品を見ていたのですが、最終的に見終わって私が思ったのは、おそらく監督は意識されていないと思いたいんですが、フェデリコ・フェリーニの『甘い生活』（1960年）。世界的なクラシックスですね。それを想起しました。あの映画はゴシップ記事のカメラマンという、それまで不可触の仕事が描かれていて、まだ仕事の名前もついていない。ゴシップ記事のカメラマンの一人の名前からで、以後、ゴシップ記事のカメラマンの名前がパパラッチになるという風に、それまで扱ってはいけないという仕事を扱ったということも含め、あとこの作品はやはりヨーロッパだけの問題ではなく、見て見ぬふりをしてしまう傾向、人と人との繋がり、孤独、というような近現代全般に問われている問題系に関して、『甘い生活』ほど、クリスチュアリズムと深い関係は感じられないとはいえ、主人公がずっと『甘い生活』のマルチェロ・マストロヤンニのように、スーツ姿であること、彼は自身の仕事に根本的な違和感を抱いていること等から、共通点を感じて、やっぱりヨーロッパっていうのは、『甘い生活』から70年経っているわけですけども、同じ問題を扱っていると感じました。『甘い生活』は、乱交パーティーの果てに、人間のグロテスクさの象徴として死んだエイと、もう手が届かない救いの象徴として少女が出てきます。それがこの映画では、最後にチアリーディングの少女たちが、命がけで助け合うというところに一縷の希望が託されていて、こじつけですけど、類似性を感じました。おそらく監督は意識していないと思いますが、ひょっとしてそういうことがあったりしたら、面白いなとは思いました。

オストルンド　私も『甘い生活』は小さい頃に見ました。最近見た映画でそれを思い出させてくれたのは、パオロ・ソレンティーノの『グレート・ビューティー／追憶のローマ』（2013年）です。そして、今菊地さんがおっしゃった最後のチアリーダーのシーンに一縷の希望があるというのは全くその通りだと思います。実は娘がチアリーディングやってまして、最初に「やりたい」と聞いたときには偏見があったので、あんなアメリカのセクシストなものをやるのは嫌だなと思ったんですけども、練習を見て、彼女たちの試合をみたときに、「なんて素晴らしいんだろう」と思ったんですね。すごく皆が協力しあっていて、それがスクエア、四角の中で行なわれている。このスクエアというものをシンボルとして使うのであれば、チアリーディングがスクエアの中で行なわれているというところで使おうと思いました。というのは、チームとしてみんな協力していて、でも個人も大切なわけです。一人でも欠けると崩れてしまう。ということで、非常に良い社会の隠喩になっているという風に思ったんですね。お互いに助け合ってお互いに信頼しなくてはいけないということで、菊地さんがおっしゃった通りまさにそこに希望があると思いました。

菊地　一種のスポーツマンシップでもありますよね。

森　僕から菊地さんにお伺いしたいのですが、この映画、我々が知らないヨーロッパがある、北欧がある。一方で、我々の知っているものがあるとすればなんだと思いますか？

菊地　セブンイレブンでしょうね（笑）。

森　即答ですね（笑）。他には？

菊地　我々は、傍観者効果に関して問題意識を持たない程、もう傍観者効果を拗らせているんですね。だから、傍観者であってはいけないと思う段階で、それはすごくヨーロッパ的だと思うんですよ。脚本はすごくよく書けていて、長い映画の冒頭で、一瞬にして描かれるので、忘れてしまった方もいるかもしれませんが、主人公が傍観者効果を巡るこの物語の冒頭で見舞われる災難の始まりっていうのは、まさに傍観者効果に逃げ込むか、傍観者ではいけないという、きわきわのところで、傍観者であることをやめたおかげで、あの事件に巻き込まれたという強い皮肉、あのときに傍観者効果にならない勇気ある人たちを狙った、狡猾なスリにあうわけですよね。それによってこの物語が始まるわけなので。冒頭から徹頭徹尾、非常に知的な態度を崩しませんが、一方、強いパッションがある、というか、ようするに我々日本人は、ひょっとしたら元々罪の意識が低いんだと思うんですけど（笑）。北欧はやっぱりカソリックとか関係あるのか、さっき申し上げた通り『甘い生活』から70年経ちますけど、同じ問題が扱われているという気がすごくしました。現代人の孤独とか、神なき世界で人がどういう風に倫理的に動くべきなのかとか。ただ、遥かに『甘い生活』よりもこっちの方がユーモラスで、モンティ・パイソン的な苦みですね。そこがいいなと感じましたが（笑）。

オストルンド　私の方からご質問したいんですけども、菊地さんはヨーロッパにはカソリックはあるということで、たとえば日本の市民の方よりも罪の意識が強いと思ったんですか？

菊地　いや仕事で頻繁にヨーロッパには行きますけども、実際にヨーロッパで暮らしたことはないので、映画や文化から感じ取るものでしかないです。逆に言えば、カルチャーからのみより強く感じる倫理観のあり方ですが。

オストルンド　私は、社会学が大事だと思っていて、自分の映画全てに対して、社会学的なアプローチをとっていると思っています。それは人間行動を研究するということです。社会学というのは素晴らしいテーマで、人間が失敗したときにその人に罪を擦り付けないんです。むしろ失敗そのものに興味を持つんですね。そして実験をして、そこで知識を得る。一方で、今のメディアの状況というのは、問題を起こして、それについて誰か個人に罪を擦り付けるということが多いので、社会学的なアプローチというのが今とても必要とされていると思います。アングロサクソン的な、たとえばアメリカのハリウッド映画を見ますと、良い役がいて悪い役がいて、つまりヒーローがいて、アンチヒーローがいて、勧善懲悪的な世界があるわけですが、私はそれに同意しません。私たち全員、良いことをする能力や可能性もあれば、悪いことをする可能性もあると思っています。脚本を書くときに私はジレンマがある状況を探して、主人公をそこに陥れるんです。ジレンマがあるときというのは、二つか、それ以上の可能性や選択肢があって、どれもが難しい。どれもが容易い選択肢ではなくて、それなりの結果があるという状況なんですね。そういう状況をつくって、観ている方が、「ああ自分でもこういう風にやっちゃうな」と思ってちょっと恥ずかしくなる。そういう状況をつくりたいと思っています。そして、そういう登場人物を見て、私も監督として「自分もああやってしまうな」と思えなければ、失敗だと思います。

森　僕からも一つよろしいですか？　僕は菊地さんがおっしゃった、我々との差異の感覚というのはすごく共感します。というのは、傍観者効果というものを反転させて考えると、多様性は可能かという問いが出てくると思うんです。つまり、我々は多様性ということをお題目として唱えるんだけども、それが本当に我々は可能なのかということは、傍観者効果というものから滲み出てくる。ところが、我々は恐らくその問いさえ問わないという感じだと思うんです。つまり問われ方が鋭いんですよ。そこに何か、我々との差異が潜んでいるのではないかということは、僕も観ながら感じていました。

菊地　僕はバチカンは絵に描いた餅で、未だにクリスチャンイズムが、実力として健在だとは露とも思わないけども、そして、紋切り型ではあるけれども、結局現代日本人も、遺伝子のように「恥」に対する強い抵抗感に苛まれ、格闘していると思っています。逆説的に、ですが、結局監督が今、社会学的なアプローチによって克服している問題、それはネットの問題とかも入っているわけで。炎上して人を傷つけて、傷や毒みたいなものによって、どこかに利益が生じるというようなことも含めて、大きく言うと罪の問題が律しているようにも思えます。そういう意味では、70年前のイタリア人にとっては、カソリックは非常に大きな問題だったけども、70年後の北欧にとっては骨董品なのかも知れない。でも、最新のヨーロッパの文化に触れた時でも、やっぱり社会の中で何が罪なのか、何が悪なのかっていうことを、問われている気がするんだけど。僕らはあんまりそういうことは問わない（笑）。あいつが悪い、こいつが悪いと他罰的な言動が非常に多くなっても、「罪」を問うてはいません。

森　そうですね。

菊地　でもクリスチャンの価値観っていうものは、世界的にやっぱり根強く、マーベルの映画はその換骨奪胎というかカリカチュアライズというか、アメリカナイズというのがもっとも正しいと思いますが、やはりクリスチャニズムに起因しています。本作は非常に知的で、問題意識的で、終わった後話し合いたくなるし、場合によっては観て嫌な気分になる人もいると思うんですよね。だからそういうところの投げかけ方が、ヨーロッパとしての、クリスチャニズムという幽霊に対する葛藤にも、同時に見えてしまいます。

オストルンド　今、罪と恥ということをおっしゃいましたけども、日本と北欧の文化の中ですごく似ていると思うのが、面目を失うということを恐れるということです。私の前作『フレンチアルプスで起きたこと』（2014年）という映画では、父親が家族を捨ててしまったという場面が出てきます。そして雪崩が起きて、父親は逃げてしまうんですね。本当は家族を守るべきなんですが。でも物凄く大事件にはならなかったので、テーブルにまた戻ってくるんですが、家族からは違う目で見られてしまう。父親は非常に恥を感じるわけなんですが。その恥というものは人間にとって普遍的なものだと思います。何年か前に、韓国のフェリーが沈没してたくさんの学生さんたちが……。

森　セウォル号ですね。

オストルンド　そして生き残った先生がいらっしゃいましたよね。生存本能が勝って、生徒を見捨てたということなんでしょうが、生き残った数か月後にその先生は自殺してしまっています。つまり、それほど恥の感覚というものは人間に対して力を持っているということなんだと思います。生存本能が非常に強いんですけども、そのあと恥が強くて自殺してしまった。生存本能がもっと強ければ、その恥を持ったまま生きると思うんですが、そうではなく恥が強くて死んでしまった。多分人間という動物だけが、唯一恥の感覚をもっているんだと思います。どう振舞うかという文化的な期待もあると思うんですが、『フレンチアルプスで起きたこと』で主人公が対処しなければいけないのは、自分が果たすべき役割の期待に添えなかったと。それに対する恥というのが描かれているんですけども、この映画をあちこちで上映していたとき、観終わった観客に私はよく聞いていました。「この中にカップルはいますか？　いたら手を挙げてください」と。そしてカップルがいたときに、「では、たとえばフェリーが沈没したりとか、そういう災害が起こった時に、あなたのパートナーは助けてくれると思いますか？」と聞くと、女の人は「私の夫は助けてくれます」とか「私の恋人は守ってくれると思います」っていうんですね。でも統計によりますとタイタニック号からエストニア号にいたるまで、フェリーが沈没したときに生存者のほとんどは男性なんです。女子供は死んでいるという統計があります。何かが起こった時に女性や子供を先に助けましょうと言うんですけど、実際に生き残っているのは男性。生存本能が勝って、非常に利己的な行動に出ているということで、生存本能が文化的な規範を取り払ってしまう。でもそのあとで文化的な期待に対処しなければいけなくて、そこで恥の感覚が起きるということが起こっていると思います。そのカップルには「この映画を二人の関係性のテストに使ってください」と言いました（笑）。

菊地　「罪か恥か」という問いはあまりにエッセンシャルすぎて、議題として、重要過ぎるとも、無用すぎるとも言えます。大切なのは、それを作品が、監督の意図をも超えたところで、どう見えてくるのか？ということではないでしょうか？　我々の——クリスチャニズム的な——罪悪感の無さ、は、クリスチャニズムと同程度には病的で、傍観者効果に対するシリアスさも、非常に薄いと僕は感じています。そこにいる誰もがスマートフォンに食い入っているカフェで、ある男性が、恋人のヌード写真をうっとり見てしまっている。それがあまりに無防備で、複数の誰かにそれが見えてしまったとします。見てしまった者たちは高い確率で、誰もが「傍観」するでしょう。そして罪悪感を感じることはほぼ無いでしょう。よしんば欲情したとしても。それより「恥ずかしいから隠せよ」という感覚が優先されます。本作が強烈過ぎるほど強烈なユーモアと共に、罪を問わない学問としての社会学的なアプローチや、スポーツマンシップにも似た健全な救いの感覚を、見事な長編に配置している、そのことが「罪悪感を持ってしまう」という、親も超えた、もう討つ必要もなかろうに、という祖先の仇のような物へのアゲインストに見えて来てしまう。我々が先入観で凝り固まっている北欧イメージをドキュメントの視点で平然と壊してゆく。その果てに浮き上がった根源的な問題意識と言えるでしょう。森さんが先ほどおっしゃった「差異」も含め、それは監督が言った、北欧人と日本人には共有する心性があり、それは面目を失うことへの恐怖である。という発想から生じるコンフリクトそのものだと思いました。罪と恥は、同じ怪物に対する、各国の言語の違いなのか、それともよく似た別の怪物なのか、この作品の、正にアスリート的な勇気は、根源的な問題に挑む、非常に健康的で強い物であると思いますし、モンティ・パイソン的な強烈なユーモアは、英国の知性の賜物か、北欧の身体性の賜物かの違いだと感じています。生存競争は、知性では制御できませんし（笑）。

最後に、『カーライル　ニューヨークが恋したホテル』の上映後に行われた、森直人氏との対談を掲載する。先に記したように、森氏とはこうした対談やインタビューを何度か行っているが、所謂「話が合う」タイプで、スポーツの激しい試合のようになったリューベン・オストルンド監督との対話も、森氏の審判のような存在なくしては健全には終了しなかったのでは無いかと思う。本作の舞台となったホテルさながらのリラキシンと、ものの哀れをご堪能頂きたい。

『カーライル　ニューヨークが恋したホテル』
森直人×菊地成孔 トークイベント

森　さっそくですが、菊地さんは、カーライルにご宿泊されたことは？

菊地　いやいや、とんでもないです（笑）。

森　ジョン・ハムと一緒ですね。映画の中でも泊まったことないよみたいなことを言っていました。

菊地　そうですね。多分これ、登場人物の中で泊まったことある人、半分くらいじゃないですかね。

森　ハリソン・フォードが、安い部屋に泊まったって文句言ってましたからね。

菊地　皆さんご覧になってわかったと思いますけど、ハリソン・フォードは、アメリカのセレブの中では――ビヨンセと並んで――最も話がつまらない人物と言われています（笑）。まあまあ、ここでもハリソン・フォードの話のつまらないことといったらないですよね（笑）。

森　部屋の値段に相当する人かなっていう（笑）。

菊地　色んな面白いエピソードが沢山入っているのに、退屈なんだよね（笑）。お前アメリカ人かよ。というぐらいに（笑）。

森　なるほど。でもカーライルのジャズクラブにプレイヤーとして呼ばれたりしたら、そのままゲストで宿泊サービスとかって受けられないもんなんですかね。

菊地　そこはね、どうなんだろう。全然システムわかりませんけど、泊めてはくれないいんじゃないかな……連日公演をしたら泊めてくれるかもしれないですけどね。あ、ごめんなさい、僕ジャズミュージシャンです（笑）。

森　皆さん知ってます（笑）。あと、この監督、マシュー・ミーレーですけど、まあニューヨークのアイコン的な場所、店舗、建物、とドキュメントを三連発で撮ってる人で。

菊地　これからも続くのかもしれないですけど、よく三部作とも言われがちなので。配給の方が謳ってるかどうかわかりませんけど、これで三部作なんだという風に。キリが良いですよね。

森　完結編っぽい感じもあり。

菊地　ちょっとありましたね。ちなみに、一作目が、バーグドルフ・グッドマンというデパート、次が誰もがご存知のティファニー、と、すべてが同じ5番街ですけど（笑）。

森　そう、5番街系（笑）。

菊地　まあニューヨークの5番街がどんな場所かって話を、こんな短い時間でするのも野暮ったいですからあれですけど。あの……高級なね（笑）。3箇所徒歩で回って5分かかりません（笑）。

森　日本でいうと、銀座。あるいはこの辺の渋谷・文化村もそうですけど。

菊地　そうですね、文化村の辺りはニューヨークの5番街にはかなわないと思いますけどね（笑）。まあ銀座ですかね。

森　銀座4丁目、5丁目、6丁目みたいな感じですよね。

菊地　軽くおさらいすると、一作目が『ニューヨーク・バーグドルフ魔法のデパート』っていって、日本では最近バーニーズ・ニューヨークが経営破綻して、そっちの話ばっかり有名ですけど、バーニーズ・ニューヨークの方が世界的なインターナショナルデパートですけど、バーグドルフ・グッドマンっていうのは、ニューヨーカーが愛してるデパートで。めちゃめちゃ簡単にいうと伊勢丹の元ネタなんですね。

森　そうですね（笑）。

菊地　関係者がいたらやばいけど、ほとんどバーグドルフ・グッドマンのパクリが伊勢丹なんですけど（笑）。その伊勢丹の元祖みたいなところを撮った、『ニューヨーク・バーグドルフ魔法のデパート』ってのは、意外と最近で。僕10年くらい前だと思ってたんですけど。

森　２０１３年ですね。

菊地　6年前ですよね。だからこの6年間で同系列の映画を三本撮ったんですよ。マシュー・ミレーは。二本目はどなたもご存じの、世界中でおそらくここにいらっしゃるかたもグッズは必ず一つ持っているであろう、ティファニーですね。ティファニーのニューヨーク旗艦店を、ティファニーのブランド全体じゃなくて、ニューヨーク5番街にある、まあ本店ですね。そこを映画にっていうのが二本目で。で、三本ともご覧になった方はどれくらいいますか？

森　どうですか？（会場から数名の挙手）

菊地　……あぁ、素晴らしいですね。一人も居なかったらどうしようかと思ったけど（笑）。

森　（笑）。

菊地　二本は見たって方はどれくらいいらっしゃいます？（会場から多数の挙手）

森　お、『ティファニー ニューヨーク五番街の秘密』（２０１６年）の方かな、多分。

菊地　たった今ご覧になったこれ（『カーライル』）を一本だとして、これと『ティファニー ニューヨーク五番街の秘密』っていう人。……これと『ニューヨーク・バーグドルフ 魔法のデパート』っていう方。

森　バラついてますすね。やっぱり、興味の関心範疇で……。

菊地　そうですすね、『ニューヨーク・バーグドルフ 魔法のデパート』はWOWOWで確かオンエアされたので。まあWOWOWで放映されたからたくさんの人がみるっていう訳でもないですけど（笑）。

森　アマゾンプライムとかでも、割と気軽に見れるので、ぜひご覧になって。

菊地　とにかく第一に申し上げたいことは、今日これをご覧になって面白かったなって思った方で、コンプリートの方も2本の方も、いらっしゃいますけど、コンプしていない方は是非、サッと見れるんで。探すのさほど大変じゃないでしょうしね。

森　全部90分くらいなんで。しかも時代の変遷が結構バッチリ刻まれてますので。

菊地　そう。だから作り方は全く同じです。本当に同じ。ただ対象が違うだけで、作り方は全く同じで、3、4年かけてそこにベタ付けして、ある一つのイベントを追っていきながらにして、ニューヨーク史からアメリカ史を語るっていう。特に、先ほど森さんから1年間1分説っていう面白い説が出ましたけど、1930年に何があったかって皆さんご存知かと思います。世界恐慌ですよね。世界恐慌があった年に、カーライルができたっていうとカーライルだけ目立つみたいですけど、1930年にできてきたのは他にもいっぱいにあって。たとえば有名なジャズクラブのコットン・クラブにデューク・エリントン・オーケストラが着任したのは1930年で。その前の年、要するにニューヨークはウォール街に象徴される金融の都市だった……ジャズがニューオーリンズで生まれて、北上していってニューヨークに辿り着いて、長らくジャズといえばニューヨークみたいになってましたけど。ニューヨークがジャズの街になるのは現在までのジャズ史の中間部というか、ニューオーリンズからカンザスシティを経由してシカゴを経由して……こう泥臭い中で段々上へ、中西部を経て、東海岸ニューヨークに辿り着いて。ニューヨークはそれまで日本で言うと兜町みたいな金融の街でした。そんな資本主義の最前線みたいな鉄火場で働いている人たちが、まあ、それはそれは疲れるから、夢を見させてあげようってコットン・クラブができて、そこにかのデューク・エリントン・オーケストラが着任して。それが1929年の暮れで。で、一仕事しようって思ったら急に世界恐慌が来るんですね。これジャズファンの間で有名な話ですけど。他にもたくさんの美術館やデパートなど、今でも残ってるものの多くが、1930年発なんで。簡単にいうと1930年組っていうのがあると思ったんですよね。そのうちの一つですよね。

森　ちなみに、クリント・イーストウッドも1930年生まれだったんですよね。不思議ですよね（笑）。その辺がこぞってアメリカの象徴みたいなのが立ち上がってきた年っていうのか。

菊地　ウディ・アレンもそういや……。

森　1935年。まぁ近いんですけどね。でも先ほど菊地さんもおっしゃられてたように、今回、たとえば5番街大変じゃないですか。バーニーズ・ニューヨークも閉じちゃったし、あとはロード・アンド・テイラーとか、ヘンリ・ベンデルとかね。今年に入ってから、まぁ時代の変わり目みたいなのだと思うんですけど、それが前の二作は結構アッパーだったけど、今回かなり暗い部分が映ってますよね。

菊地　いやあ全くです。三作並べてご覧になるっていうのは、コンプリートする喜びもありますし、何せマシュー・ミーレーはセンスが素敵で画もキレイで、ドキュメンタリーにありがちなちょっとダレちゃうとかいう事が全く無い。登場人物全員知ってる方はここに、多分お一方もいらっしゃらないでしょう。一人残らず全員知ってますっていう方はいないと思うんですよ、こんだけ出てきたら。で、半分以上知らない人が出てくるのにこんだけ面白いっていうのは大変なところで。そこは監督の手腕なんですけど。僕自身は、ストレートですけど、LGBTQの方に、一切のなんら差別心がないっていうことを前提で申し上げますが、マシュー・ミーレーって、実際そうかどうかわかりませんが、感覚的にかなりゲイ的で。キラキラしているものを上手くまとめて、部屋の中に綺麗に配置して、みんなから面白い話を引き出して、楽しくパーティーみたいに時間をつくるのがすごい上手いなと。マッチョな監督じゃないです全然。あるいは物凄くベタベタに女性的な監督でもなくて。なんだろうな。ゲイ的としかいいようがない一つのセンスが、こういうデパートとかホテルとかを描くのにすごく向いている。ゲイのニューヨーカーは流石にいい仕事見せるなって感じです。それで三部作でご覧になると、まあバーグドルフ・グッドマンも健在は健在だとはいえ、三部作通してみると、だんだん暗く重くなってるのが手に取るようにわかる。僕、一昨年の11月にニューヨークにガンダムの仕事で行ったんですけど（笑）。その時もう全然時間なかったんですよ。もうオタクさんは欲しがりなんで（笑）。ニューヨークにいる間にシンポジウムだ、対談だって、色々引きずり回されて。これでもジャズメンの端くれですから、ニューヨークに行ったら行きたいところがいっぱいあるわけですよね。もちろんカーライルに行きたいですよ、うまく当たったらウディ・アレンが演奏してんだから！（笑）

森　月曜日に行けば。

菊地　月曜日に行けば演奏しているわけですからね。でも時間がなく、どうしようか、30分だけ時間があるっていってどこに行ったかっていうとバーグドルフ・グッドマンに行ったんですけど。

森　いいじゃないですか。

菊地　かなり良かったですね。目と鼻の先ですけど。ティファニーも全部。

森　ほんと全部近場の所ですね。

菊地　この映画のパンフレットすごくよくできているので、ご覧いただきたいんですけど、本当に5番街っていうのは、和光の向かいに銀座三越があってってっていう、銀座百景みたいな、全部歩いて回れるっていう。メトロポリタン美術館とかMOMAとか密集地帯ですから、歩いて全部観光できるところではあるんですけど。とにかく時間がないんで、バーグドルフ・グッドマンだけ行きましたけど、やっぱり本当にキレイに撮ってるっていうのがわかるんですよね。実際行くと、上の方が安ごしらえだったりするんですよ。それ伊勢丹も一緒なんだけど。

森　そこは真似してるわけではないと思うけど（笑）。

菊地　6階あたりの催事場とかいくとちょっと……っていうのがあるけど、そこもまた老舗の味わいがね（笑）。それバーグドルフ・グッドマンにもあるんだけど、もう夢の国みたいにディズニーランドみたいにキラッキラにやってて。かつ、嘘偽りじゃないという。リアルな素材をつかって、夢みたいな世界にするというマシュー・ミーレーの手腕を見て頂きたいんですけど、それでもニューヨークはリーマンショックの傷があって……その前はたとえば『セックス・アンド・ザ・シティ』（1998年–2004年）とかね、ニューヨーク市民映画っていうか、ニューヨークの市民っていうのにはこんなパワーがあって、という感じで、でも今のニューヨークの家賃って高すぎてとても住めないですよ。

森　さらに高くなってますもん、今ね。

菊地　勝関とか銀座周辺に住むことはできるけども、ニューヨークは周辺にさえも住めないくらい家賃が高くなっちゃって。

森　ブルックリンもガンガン上がってるっていう。

菊地　ブルックリンもね、一昨年行って、「あそこいくら?」って聞いたときに、自分の年収と鑑みたら、「本当にすみませんでした、出直してきます」っていう額だったっていう（笑）。僕経済のこと本当にオンチで、音楽や洋服のことしかわからない人間なんですけど、日本でもバブル崩壊ってありましたけど、9・11があって、リーマンショックがあって、ニューヨークは空元気でバリバリだったんですけど、ここに来て疲れて来たというか。70年代の、要するに浄化前は『タクシードライバー』（1976年）に描かれてるような街だった。

森　1976年になっちゃったら大変ですよね。

菊地　さっき言ったように、ニューヨークは9・11とリーマンショックっていうので、2回相当なパンチを食らってるわけなんですよね。これによってもうフラフラになっちゃって足にきちゃうんだけど、倒れないで、物凄くがんばって、むしろ上がったんですよね。で、元々観光の町ではありますけど、さらに力をいれて。一時期話題になりましたけど、5番街にHMVの路面店ができたとか、ユニクロの路面店ができたって嘆く人もいたけど、まあ銀座や新宿と同じで、そうした動きを尻目にカーライルとか、バーグドルフ・グッドマンみたいなものも元気にやっていると。そういうことが、アメリカ人の非常に良い側面だと思うんですけど。トランプ政権前っていうのかな。オバマ時代の何とも言えない時代のなかで、アメリカ人の打たれても打たれても、自分達はアメリカンタフガイなんだ、絶対にくじけないんだっていう形でニューヨークの地代が上がっていってですね、格差はあるけど、上の方の人たちは、こんなにまだ貴族みたいな感じでウットリするようなことしてますよっていうのをキープし続けてきたことは確かなんですよね。で、今日これだけ見た方はそんなに強く感じたかはわからないですけど、さっき森さんがおっしゃってたように、並べてみるとよくわかるんだけど、この映画だけちょっと最後暗いんですよね。

森　今菊地さんがおっしゃったように、2013年、2016年、2018年の映画っていうことをいうと、やっぱりトランプが出てきた。トランプ・タワーも5番街にあったりするんですけど、結構そこかなって思います。

菊地　そうですね、トランプの功罪っていうのは、巷間言われているよりもずっと複雑な形で大きいと思うし。特にアメリカ人に話すと、我々とは桁の違うシリアスさでくるんで。悪戯に僕トランプと誕生日が同じだとかね（笑）。支持してますとか（笑）。

森　言えないなっていう（笑）。

菊地　トランプはもともとホワイトハウスの人間じゃなくて、外から個人の起業家として成功して、大統領になった人間ですから、おそらく非戦じゃないかとか。ようするに戦争の仕方を知らない。ホワイトハウサーは知ってるわけですよね。ブッシュとかもう英才教育受けてるでしょうからね。空爆の仕方から何から。だからトランプは習ってないからボタンも押せないし、外交手腕としても、戦争にドンって行けない人なんじゃないか、戦争の経済効果よりも経済自体の効果を信じてるだろうし、関税が兵器だという（笑）。とかいうとね、アメリカの人に、なんでそんなに怒るの？っていうくらい怒られたりするんですよね（笑）。

森　カーライル追い出されちゃいますよ（笑）。

菊地　ここでもトランプは大変な悪役で、悪の象徴になってて。トランプってアメリカ映画の中で何回か悪の象徴になってるんです。

森　ここでも悪役になって（笑）。

菊地　ちなみに『バック・トゥ・ザ・フューチャーPART2』でもトランプは悪の象徴として出てるんで（笑）。

森　いじめっ子から悪い大人になるビフ。あれトランプがモデルですもんね。

菊地　ヒール（悪役）としてプロレスにも出てますからね（笑）。最近こそホワイトハウスで会見してますけど、トランプっていうのは、国際会議並みの会議を自宅でやるってことが凄い。それから、オバマみたいに側近が書いてるんじゃなくて、ちゃんと自分で入力してるだろうっていう感じでTwitterを始めて自分で発信し始めた危なっかしい人物ですよね（笑）。アメリカの大統領がTwitterで好きに書いちゃうってどうかと思うんだけど（笑）まあSNS時代の象徴っていうかね。

森　すべてその意味では、アンチカーライル的なものを象徴しているのがトランプ。

菊地　ここではトランプを悪役にしておいて。極論でいうと、トランプをコミカルに色を薄めたヒットラーくらいの感じにして、とうとうトランプ政権ができてしまったのだっていうことを古き良き非常にリベラルなニューヨーカー、粋なニューヨーカーが嘆いているっていう全体のトーンを、トランプを悪役にすることで保ってるっていう側面があるんだけど。そんな中、ニューヨークの古きよきものっていうのは、加齢のような感じで、自然に衰退していくっていうのが、前二作にはあんまりないんですよね。でもここでは最後に、ベテランの名物コンシェルジュの方の引退が描かれるシーン。まあ全部のセリフがリアルなんですけど、あの人の最後の独白が一番重いリアルっていうか。もうアメリカが変わってしまったんだっていう、外行く街の人の恰好をみてごらんって。あんな格好で歩かれたらもう僕らはね……っていうところですけど。気難しいおじいさんを象徴しているセリフで。まあ暗い話はあんまりしたくないんですけど、アメリカにはいつでも明るく居てほしいし。ちょっと気持ち暗くなったらマーベル映画見ればいいっていう（笑）。でもアベンジャーズも合戦映画になってからは暗いし（笑）。

森　（笑）でもそこのほろ苦さみたいなのが、ちょうどいい感じで漂ってきますよね。誇張もしていないし。でもおっしゃったように、ジョージ・クルーニーが主人公格に至ってるっていうのは凄くわかりやすい。ハリウッドのレフティなポジションを象徴する。奥さん人権派弁護士みたいな。

菊地　ジョージ・クルーニー自体はもう、文句のつけようのない人間ですよね。

森　ハハハ（笑）

菊地　あそこまで文句のつけようがないと逆に怖いっていうか、ジョージ・クルーニー大丈夫なのっていうくらい（笑）ルックスも人柄も含めて、ジョージ・クルーニー嫌だっていう人一人もいないですよね。ジャック・ニコルソンに関しては、ちょっといやいやな所もあるかなっていう雰囲気残してますけど（笑）。

森　なんか系列でね、70年代の上客がニコルソンで。

菊地　レニー・クラヴィッツに関しては無理くり入ってきた雰囲気がかなり出ちゃってるんだけど、映画の中で。ジョージ・クルーニーが全員から愛されてるってことは間違いない。あの人ハリウッドの中にも敵いないし。しかもリベラリスト、なおかつセレブであるっていうのは中々難しいことで。そんな中でもジョージ・クルーニーを善玉、トランプは悪玉にしておくことで、ひとつの作劇にも似たことが起こっちゃってるんだけど（笑）。実際として良識ある人は去って行くっていう。あと、これも気が重い話ですけど、一番顕著なのは、ウディ・アレンの不在ですよね。

森　これもう本当そうなんですよね。

菊地　これは本当に残念ながら、あなたはカーライルっていったら何ですかって僕が聞かれたとします。僕はジャズミュージシャンですので、カーライルホテルっていうのは何はともあれ昔はボビー・ショート。彼もジャズミュージシャンっていうよりもエンターテイナーですけどね。長年にわたって、レジデンスコメディアン&シンガーとして、ずっとエンターテインしていた。ということが一つと、ウディ・アレンが毎週月曜日に演奏していた。バーで座る椅子も決まっていた。曜日は月曜日じゃなくても、アカデミー賞の授賞式で、自分がノミネートされたときには、カーライルで演奏して、アカデミー賞の会場には行かない。今日はライブがあるんでっていうアカデミー賞の会場に行くことを拒否するために使われてたっていうのが、このカーライルホテルのバーの中のライブハウスなんですね。ウディ・アレンは本来この映画の中で、主役級の功績があって、多くの時間をおさえて語るべきですし、なんならライブシーンもふんだんに使っていいはずなんだけど、まあ皆さんご存知かご存知じゃないか（笑）。アメリカには大変厳しいSNSによって醸成された、不必要なまでに強い倫理観というか……まぁそんなことといったら僕がやられちゃうんですけど（笑）、その、まあ、ハッシュタグミートゥーという。

森　もろに引っかかっちゃったっていう（笑）。

菊地　もう、あんなおじいさんにハッシュタグとかMeTooとか言うなよとか思うんですけど（笑）、デンゼル・ワシントンもねえ（笑）。

森　過去の色んな事までやり玉にあげられて……ちょうどこのころですよね。

菊地　まぁMeToo旋風が吹き荒れてたのが、この映画を制作していたころなんで。本来は下手したらジョージ・クルーニー、ジャック・ニコルソンどころではない、主役級の立場だったはずのウディ・アレンが、この映画では不在なんですね。この不在に気がつくかどうかは大きいです。

森　これはまたね、時代が変わるっていうか。

菊地　そうですよねえ。まあ、女性が抑圧され、陵辱されて来た歴史は、僕だって見直すべきだとは思いますよ勿論。でも、デンゼル・ワシントンにこだわるわけじゃないですけど（笑）、デンゼル・ワシントンが秘書の女の子に「やあ、今日も元気だね」って腰のあたりをパンって叩いたら、もう映画に出れないっていうのはもう、何かの狩りですよね。

森　ずっと善玉だった人も一気にね、裏返っちゃう。ちょっと過敏なところもありますよね。

菊地　デンゼル・ワシントンが大変な罪になるんですから、ウディ・アレンなんて、叩いたらどんなホコリがでるかわかったもんじゃないですから（笑）。

森　というわけで不在になったわけですね（笑）。

菊地　「いやそんなことない、ワンシーン出てくるじゃないか」って思う方もいらっしゃるでしょう。実際にほんの数秒ですけど、ウディ・アレンがクラリネット持って演奏するシーンがありましたよね。でもあれはこの映画のための撮り下ろしではなくて、ウディ・アレンのバンドの、過去のドキュメンタリー映画『ワイルド・マン・ブルース』（1997年）……この作品も関連作品としてぜひご覧いただきたいんですけど、ウディ・アレンのジャズクラリネット奏者としての日常というか、ワンツアー出るっていうものを追いかけたやつがあるんですけど、そっからライブシーンを一瞬抜いて貼っているだけなんで、もうトホホ感全開なんですよ（笑）。今回ウディ・アレンのためにカメラを回してない……ていうか、もっと悲しい事言っちゃうと、〈回したけど、全部使えない〉っていう状態になっちゃって。それが観客には見事にブラインドされている形。配給の人も謳わないよね。ウディ・アレン出れませんでしたっていうのは（笑）。

森　この映画のコンセプトに合っちゃって、妙に別の味が出てきたっていうのはある。

菊地　生き霊みたいにして、こう後ろから支えている（笑）。

森　ずっとアレンの影が見える（笑）。

菊地　たしかに（笑）。名ホテルはいっぱいあるんですよ、もちろん。東京だってオークラがいいって方もいるでしょう。帝国が最高、都庁近くにあるハイアット系も良いな、やっぱ山の上でしょうとか。老舗から新興まで、いいホテルなんて、どの都市にもいくらあるかわかんない。カーライル級の古いホテルだっていっぱいあるんですが、あえてカーライルの属性を言いましょうってなったら、前半に強調される、色んな人のスキャンダルを一滴も漏らしませんよっていう守秘義務が貫かれているから、多くのセレブリティがお忍びに使ったという側面もありますけど、それとて本当は言っちゃいけない情報じゃないですか（笑）。パブリックイメージとしてはウディ・アレンが演奏してるホテルなんですよ。そのことをマシュー・ミーレーにして描けなかったたっていうのが今の時代を象徴しているし、ウディ・アレンが撮影されたにも関わらずそのフィルムが使われなかったっていうこと自体が、アメリカが反復する症状として、病的に倫理的になる、禁酒法とかヘイズコードとかね。そうやってこれからどんどん野暮ったくなっていくんだっていうことがアレンの不在とリンクしているイメージが読み取れなくもない。どのくらいの意図の強さでやってるのかわかりませんけども。そこがちょっと切ないところではありますね。

森　そうですね。でもさっき菊地さんがおっしゃられたように、三部作全部同じ作り方なんですけども、今回だけ期せずしてそういったニュアンスが出ているっていうのはやっぱり面白くて。作り方としては、前半にセレブのインタビュー、証言があって、後半がどんどん従業員群像になっていく。職人っていうか、仕事人。仕事論みたいなところに行きますよね、必ず。そういう文化とか一流的な、あるいは古きよきヨーロッパの伝統を受け継いだニューヨーク的なものを、この監督さんは愛されているっていうのはそこでよく見える。

菊地　そうですね。まぁこの中で『セックス・アンド・ザ・シティ』を熱心にご覧になってきたご婦人もいらっしゃると思うんですけど、あれ見るとニューヨークに住んでいる大人の女ってのはライフスタイルリーダーとしてもファッションリーダーとしても、ゲイの友達がいないとやっていけないってぐらいに描かれているドラマですけどね（笑）。だからゲイ感覚って言っちゃえばそれっきりですけど、つまりアメリカっていうのは1956年から今のアメリカになったんですね。マクドナルド、アイゼンハワー法（連邦補助高速道路法）によるハイウェイの全国敷設。それからディズニーランド。つまり子どもの国としてのアメリカっていうのが、1956年にバッと広がって。

森　ロックンロールだったりとか。ティーンエイジャーの誕生っていうか。

菊地　サブカルチャーってものの誕生と、気が若いとも言えますけど、アメリカの青春っぽい、いつまでも大人になれない感覚も１９５６年に誕生して。それ以前のアメリカっていうのは、ヨーロッパに向けて背伸びしている国だったんですけど。

森　本当そうですね。これよくわかりますよね。

菊地　すごくわかる。それはつまり、自分のポストや賃金と関係なく、日本で言ったら昭和の終身雇用制みたいなさ、「この会社で俺は働いているんだ」っていう誇り。末端にいたるまでね、ちょっと残飯片付けてる人から、ドアマン、コンシェルジュにいたるまで、全員が誇りを持って働くのだ、っていうのは一つの古き良きアメリカイズム。まあ、アメリカイズムまで行っちゃうと、それって何かっていうのは本当に難しい問題ですけど、ドライに割り切った個人主義じゃなくて、自分の職場に対して伝統があるという根拠によってプライドを持って仕事するんだっていうことが凄く描かれていますよね。三部作共通してるんですよね、これ。

森　だから多分基本にあるのって、ヨーロッパ的な貴族精神みたいなものをアメリカに輸入してきたものかなっていう感じですよね。

菊地　そうそう。アメリカの55年以前は無茶苦茶シンプルにヨーロッパになりたかった。55年から現代アメリカっていう、ちょっとした世界の中のモンスターみたいな。いつまでも子供のモンスターみたいなものが生まれて、そのことを大切にしてきたけど、55年以前っていうのはヨーロッパに憧れる国で。あらゆるカルチャーがね。そういうことを、55年以前の映画をみればわかるんですけど。

森　でもそう整理していただくと、なんかニューヨーク対アメリカっていう構図も描けそうですよね。

菊地　それもあるんですよね。ニューヨークっていうのはどういう街で、シカゴはどうで、ニューオーリンズっていうのはそもそもフランス領ですからね。

森　たしかに（笑）。アメリカ広いですね。

菊地　広い、本当に。いずれにせよウディ・アレンの不在ということと、出来たら比較的手軽に見れますので、探すのに一苦労しないと思いますので、マシュー・ミーレーの三部作を今夜中に見て頂ければ（笑）。ちょっとワインとか飲みながらね。これを見た余韻で。

森　たしかに。帰ってから寝る前にね。

菊地　逆行に見ていくとどんどん楽しくなっていく（笑）。

森　どんどんいい気分で上がっていけますからね（笑）。

菊地　『ニューヨーク・バーグドルフ 魔法のデパート』が一番ハイになれる（笑）。見ると気分も良くなる。

森　たしかに（笑）。

菊地　ってな感じで。どうもありがとうございました。

第五章

〈北欧〉が、決め付けられてしまう一瞬前に

２０１６年から大手ウエブサイトの一つである「CINRA.NET」をプラットフォームにVOLVOが「北欧文化の古典からエッジまで紹介する」という長期企画を立ち上げ、プレゼンテーター役を仰せつかった。第一シーズンは「北欧料理」を古典からエッジまで食レポするという企画で、飲み食いをこよなく愛する著者にとって非常に楽しい連載になった（「菊地成孔北欧料理」で検索。未だに読める）。間にファイナルスパンクハッピー（著者が立ち上げ時にプロデュースした男女2人組みのバンド。昨年末に１stアルバムをリリースしたばかり）を起用し、彼らが「都会の冬ドライブデート」をする形で、VOLVOの新車を女性の運転で行い、北欧料理のディナーをし、読者にクリスマスプレゼントを買う。という企画を挟み、更に半年後、「北欧映画について、新しい視点から解説してほしい」というオファーがあった。イングマール・ベルイマン、イングリッド・バーグマン、カール・テオドア＝ドライヤー、という古典的なコンテンツで連載は行われ、ベルイマンの回顧上映「ベルイマン生誕１００年映画祭」では、その一部（『魔術師』〈１９５８年〉に関してのみ）を使わせてくれという派生オファーがあり、著者は単なる抜粋／引用ではなく、書き下ろしにした。それも収録している。

彼らに共通していることは、日本人の、彼ら各々に対するイメージの膠着的固定で、それは、「北欧映画」という大きな括りと直結されている。食事や、ファニチュア、絵本等々に代表される北欧式デザインが、IKEAに代表される企業努力の結果、20世紀までのそれから大きく理解の幅が広がったという事実に対して、かなり遅れている。これは日本人側にのみ責任があるわけでは無く、この、SNS文化の中でさえ、或いはだからこそ、輸入文化のほとんどに見られる格差であり、著者に与えられたミッションは至極妥当なものと判断し、気軽に楽しみながら、固定化されたイメージの硬いネジを緩めることを旨に連載を大いに楽しんだ。

章題は言うまでもなく逆説的な諧謔であり、完全に開かれるよりも、閉じられた部分があるのは豊かである（消費という暴虐からの保護政策的な側面もあるし）、という含意もある。映画とか北欧といった枠を超え、あらゆる古典には、瑞々しく強いメッセージが含まれている。極論の一つをあげるならば、我々は「洋楽」を聴き続けた。5年や10年の話では無い。令和の世に、日本人全員が英語を理解するようになったとする。我々のレコード棚や、整理された膨大なデータは、全て初めて聞く音楽として1曲残らず蘇るだろう。これこそがリサイクルであり、エコロジーである。楽しい仕事を与えてくれた企業としてのVOLVO、並びにCINRA.NETに感謝する。

ベルイマンの「喜劇」は北欧文化の裏遺産

まだまだ20世紀の呪縛はきつい
——我々は、ベルイマンが喜劇など作るわけがないと思い込んでいるのではないか？

寒い国の文化が、凄くお洒落だったり、意外と美味しかったり、とにかく強烈だったり、そして当然のように怖かったり、深淵だったり、というのは決して間違いではない。そもそもヨーロッパという文化圏が、ギリシャからローマ、ビザンティンといった文化圏からどんどん北上したもので、そこには常に、深い森への畏敬や、高い塔を誇る石造りで密閉された建築物が生じさせる響き（エコー）の世界、寒さという自然現象との闘い、そして主にカソリシズム起源である側面の強い原罪意識や去勢不安、それにアゲインストする北欧土着宗教、という構図が形成する退行と恐怖心のコンビが張り巡らされているのは、北欧に限ったことではない。

メキシコ最初の文部大臣（であり、詩人でもあり、芸術家でもあり、狂人でもあった）ホセ・バスコンセロスは1925年に『宇宙的人種―イベロアメリカ人種の使命』の中で、こう述べている。〈混血を避ける純血主義のアングロサクソンによる世界の支配は、フランスの貴族社会と同じで、やがて崩壊する。これまで世界は、アングロサクソンたちが抱える問題系、すなわち「寒さを凌ぐための文化」を中心に回ってきた。エネルギー問題は、その端的な結果である。近い将来、〈暑さを凌ぐための文化〉に立脚したラテン、乃至イベロアメリカン＝中南米の時代が来る、そこには自由な混血の果ての果てに、地球を支配するための優れた「宇宙的人種」が誕生するであろう〉

バスコンセロスは、このプロパガンダを「なので、現状の人種問題は、問題視しなくても良い（→宇宙的人種が現れる助走期なので）」と結んでいる。狂気なれど、陽気である。

イングマール・ベルイマンを代表とする「北緯59度線以北」の作家たち、映画なら曰くアンドレイ・タルコフスキー、曰くアレクサンドル・ソクーロフ、曰くボー・ウィデルベルイといった監督たち、音楽なら曰くジャン・シベリウス、曰くアルヴォ・ペルト、曰くエドゥアルド・トゥビン、曰くウルマス・シサスク、といった作曲家たちは、まるでそれが義務や務めであるような切実さで、悲壮なほどの重厚さ、迫り来る問題意識、正体のわからない恐怖、正体がわかりきっている恐怖、深い絶望と、そこから立ち上がるしかない希望、宗教との敢然たる関係性の表明、といった属性を湛えた作品を作り出し、「ヌルい国のヌルい人々」に、崇められ、愛され、即ち畏敬の念を以って引用されてきた。ベルイマンを最も敬愛する映画人が幾万いるか？　しかしおそらく、最も激しい愛を自他共に認識されているのは、あの、ユダヤ的な強すぎる知性の上に成り立つ、独特な脱力と批評精神の徒であるウディ・アレンだろう。

スウェーデン、ノルウェー、ロシア、アルメニア等の芸術家たちは、安心してゲラゲラ笑い、終わったら心が温まっているような喜劇や、酔った勢いでみんなで合唱できる陽気でやや猥雑な歌を、作らないか、あるいは作れないと思われている節がある。果たしてそれは本当だろうか？　21世紀も最初の20年をそろそろ数え、平成も終わるという現在でも、まだまだ20世紀の呪縛はきつく、我々は、イングマール・ベルイマンともあろう方が、喜劇など作るわけがないと思い込んでいるのではないだろうか？

『魔術師』は、明らかな、そしてかなりの「喜劇作品」である

1955年の『夏の夜は三たび微笑む』、1958年の『魔術師』は、ベルイマンの数少ない「明らかに喜劇作品」とすべきフィルムである。順序が逆になるが、特に後者『魔術師』は、ベルイマンの生涯フィルモグラフィーの中でも、語り継がれる「神の沈黙」という神学議論の最大難問を扱って傑作を連発していた、中期前半の全盛期に製作されており、前年があの『野

いちご』（1957年）と『第七の封印』（1957年）、翌々年があの『処女の泉』（1960年）という流れで、世界映画史上最強のインフルエンサーとして、深遠で演劇的かつ神話的な画面構築から、前述の神学的、哲学的テーマ性まで、イメージを決定的にフィクスした時期に製作されている。

『魔術師』のテーマは「世界で初めて知性で神を殺し、教会権威の失墜と引き換えに、科学主義をあてがった欧州人の苦悩」といった様なもので、旅芸人である魔術師一行が、勝ち組でこそあれ、新進の勢力だった反教会的な人々（科学者、警察、政治家）の前でパフォーマンスし、それを悪意的に嘲笑されたり、脅威を与えたりする事で、「派生的にそもそも、宗教自体がインチキな魔術を権威にまで高めたものなのではないか？」という、欧州人の通奏音的な問題意識を、個人的なトラウマと結びつけたベルイマン（彼は父親が位の高い牧師でありながら、家庭人としてはDVがひどく、生涯、宗教への敬虔さと不信に引き裂かれた）の、ある種悲壮なまでの決意によるものだが、明らかな喜劇である。

もう笑うしかないマックス・フォン・シドーの、フー・マンチューみたいな珍装や珍演（奥さんがモテるのを嫉妬して誰彼構わず殴ってしまう自分を、ベッドでメソメソ泣きながら反省したり）に始まり、ベルイマンのミューズである名女優イングリット・チューリンの、宝塚みたいな男装の麗人ぶり、敵役の警察署長の、もうコントの小道具のようにズレたカツラ、同世代人であるフエリーニもかくやといった、上流階級マダムの性的欲求不満ぶり、後に『仮面／ペルソナ』（1966年）で、発狂する看護婦を見事に案じた、ビビ・アンデショーンの、マリリン・モンローのようなコメディエンヌぶりは、「え？　これ、笑うとこだよね？　笑っていいんだよね？　え？　どっち？　面白いんだけど……ベルイマンだし」といった、煩悶的な時間を観客に提供する。

『夏の夜は三たび微笑む』の尿意を我慢させられ続けるような煩悶の快感こそ、北欧文化の裏の遺産

先んじる『夏の夜は三たび微笑む』は、明らかにシェイクスピア喜劇に影響を受けた艶笑ものので、後の『魔術師』にそっくりそのまんま受け継がれる「フー・マンチューみたいな、変な髪型」などの、いわゆる顔オチや、作劇の中枢を律している下ネタ等々、下品ギリギリの内容でありながら、他国だったら絶対に無理であろう（同年の喜劇映画人にはチャールズ・チャップリン、バスター・キートン、フランスだったらジャック・タチがいた）、現在の目で見ても濃厚でモダンなエロティシズム（北欧が「性転換手術の出来るポルノの国」という汚名を着ていた20世紀においても、誰もベルイマンの喜劇作の中に、そうしたものを見出そうとはしなかった）、ベルイマン調の凄まじい画面構築美、エロティックコメディーでありながら、多数の登場人物の諸関係が複雑に交錯する、劇作のような脚本などによって構成された、つまり隙の全くない、美しい精密機械か宗教美術のよ

うなエロ喜劇である。とてもではないが、安心して笑ったり、軽く健康的に欲情したりできない。

この、尿意を我慢させられ続けられているような煩悶の快感こそが、ベルイマンの長い人生の中でも数少ない、異形の喜劇が観客に与える最大の効果として遺されており、これはベルイマンが普通に諧謔的な喜劇を作ったつもりが、身に染み付いた、北緯59度線以北の深いシリアスリーとコンフリクトして生じた、北欧文化の裏の遺産だと言える。

近作だと『フレンチアルプスで起きたこと』、『ザ・スクエア　思いやりの聖域』のリューベン・オストルンドのように、「北欧式モンティ・パイソン」とも呼べるほどの、ブラックで痛快かつ、重厚な喜劇を作る監督も出てきたが、まだまだ「安心してゲラゲラ笑ったり、健康的に軽く欲情したり」からはほど遠い。世界中の、コメディー、SF、ポルノにまで引用されているというのに、イングマール・ベルイマンの威光は凄まじいほどだ。「寒い国からの笑い」を、我々は求めているのだろうか？　忘れているのだろうか？　諦めているのだろうか？

（北欧カルチャーマガジン「Fika」より加筆・修正
https://fika.cinra.net/article/201807-kikuchinaruyoshi　編集・川浦慧）

改めて評価すべきイングリッド・バーグマン

昭和の男御用達

筆者の年齢（56）の、特に日本人で、イングリッド・バーグマンを、「歴史上の名女優の1人として、名前と顔は知っている」という以上の認識、つまり、彼女こそ理想の女優だとか、或いはそこまで言わないまでも、俺の心の1作に出ていたとか、要するにガチで惚れている者は、とても良い意味で、だが、皆無だと思う（仮にいたとしても、ヒッチコックの『汚名』（1946年）が凄いとか、そのぐらいではないか）。平成以降の日本人が女優の美点とするものをほぼひとつも持たず、昭和の日本人における美点だけで形成されているような女優だ。

優雅であること、男顔の美貌で高い身長を持て余し気味だが、母国スウェーデン時代から、デヴィッド・O・セルズニック（アメリカの映画プロデューサー）に見染められてハリウッドに進出し、娯楽作（ヒッチコックの3作：『白い恐怖』〈1945年〉、『汚名』、『山羊座のもとに』〈1949年〉

含む）を10年間連発、からの、EU各国でのアート作品まで縦横に活躍したこと。

かなりの強気で知られ、不倫スキャンダルも含めて3回の結婚をし、子供も多く持ち、『カサブランカ』（1942年）や『追想』（1956年）といった、時代の顔であるようなメロドラマの主演であると共に、シネフィル垂涎の、ネオレアリズモ異形の作品『ストロンボリ』（1950年公開。本作の監督、ロベルト・ロッセリーニとの不倫が、前述のスキャンダル。ロッセリーニとは後に、結/離婚。また、結婚にこそ至らなかったが、かのロバート・キャパとの恋愛＝結婚期間中もあり）や、同郷の天才、イングマール・ベルイマンの『秋のソナタ』（1978年）では、「女優の老い」という問題に真っ向から挑み、ノーメイクの老婆（と言っても出演時63歳）の長回しアップという、起立と脱帽に値するものの、いったい誰が何のために嬉しいのかわからない偉業を、死の直前に達成した。

幼き日に両親、祖父母、友人などを連続して亡くした、というバイオグラフィー頼りにしなくとも、生涯にわたって、内的葛藤と正体のわからない問題意識にとりつかれた、シリアスなパーソナリティーでもあった。

バーグマンが、ヘップバーンやマリリン・モンローのようにもてはやされないのはなぜか？

未だにファッション誌で特集が組まれるオードリー・ヘップバーンやマリリン・モンロー、カトリーヌ・ドヌーヴ等の人生やフィルモグラフィー、自伝や評伝等々と、彼女のそれが劇的に違うとは思えない。単にバーグマンは、現在の価値基準からすると大人すぎるのである。フェミニンでもキュートでもコミカルでもない。つまり、可愛くない。だから萌えられない。なんという世界であろうか。21世紀の北欧文化がこの退行的な価値観を逆転的に沈静化させ、イングリッド・バーグマンが全く新しい価値観で再評価されることを望む。が、今の所、灯りは全く見えない。

しかし、そんな「歴史上の名女優の1人として、名前と顔は知っている」だけの、悪い意味でのクラシックス、イングリッド・バーグマンを、ほんの少しだけ、生々しい親密感と、ちょっとした（かなり健康的な）エロティシズムにまで拡張する、優れた生涯ドキュメンタリー映画『イングリッド・バーグマン～愛に生きた女優～』（スティーグ・ビョークマン監督。現在でもAmazonで購入可能）が、2016年に公開されている。

傑作から駄作までの幅が広すぎる20世紀人の生涯ドキュメンタリー作品の中でも、本作が傑作といって良い完成度、中でも前述の「彼女を身近に感じさせる」という奇跡的な成功をおさめたのは、「家族という共同体に屈折した愛着を持っていたバーグマンは、ホームムービーをかなり盛んに撮影していた。そしてそれは、彼女のスウェーデン時代からの憧れであったプール付きの家での、プールサイド風景がほとんど」という一点に尽きると言える。

とにかく、あのイングリッド・バーグマンの、様々な水着姿や泳ぐ姿がこんなにも映っている映画は1本もない。ノーメイクで、リラックスして、家族（多くが娘）と一緒にプールでキャッキャいっているバーグマンは、おっさんがブランデー片手に熱愛を告白する歴史上の名女優などではなく、長身で陽気なファッションモデルのようである。

「これ、引退したスーパーモデルのInstagram」と言われてもおかしくない映像が、映画史を活写する貴重なニュース画像や、誰もが知る古典的名作の抜粋と交互に出てくるのである。「撮影現場ではリラックスして、楽しくあること」を、あのヒッチコックに伝授されるまで、演技に対して、シリアス過ぎた彼女が、今では誰もがカジュアルに大好物であるスーパー8のザラついた画質の中で、水着姿で心の底から楽しそうにニコニコ笑って手を振っているのである。

イングリッド・バーグマンとエスター・ウィリアムズは、ガタイの良さや活躍期間もかぶっている

筆者は、本作を見ながら、エスター・ウィリアムズとのダブルイメージを回避することが全くできなかった。競泳選手だったエスター・ウィリアムズのガタイが良いのは、競泳選手だったわけだし、水中レビュー映画の花形だったわけだし、トートロジカルなまでに当然である。しかし「イングリッド・バーグマン実はガタイやべえ」と、20世紀はとうとう発言、どころか、発見さえさせてはくれなかったのである。20世紀の、少なくとも前半の映画界は女性の長身、大きな肩幅を美点としなかった。ドレスのデザインや撮影のアングルなどで隠蔽工作が図られてきた。

男顔、長身（バーグマン175センチ、ウィリアムズ173センチ）、ガタイと運動能力、特に水泳における高さ、最盛期とされる活動期間の重複（バーグマンの「ハリウッド期」は、ウィリアムズの「水中レビュー映画の黄金期」である1944年から1956年にほぼピッタリ重なっている。ただ、MGMが水中レビュー映画の製作を終えた1956年でウィリアムズは引退状態になるが、不倫スキャンダルからロッセリーニとの苦い蜜月を終えて、ハリウッド回帰し、オスカーを受賞する『追想』が同じく1956年であり、これはバーグマンのハリウッド再始動ではなく「最後の一発」であり、つまり、2人がハリウッドを去るのはタッチの差だ）、何せ、笑顔や髪型、体型の類似などから、この2人がダブルイメージ

される等というアクロバットは、『イングリッド・バーグマン〜愛に生きた女優〜』というパズルのピースがなかったら、永遠に完成しなかった離れ業であり、真理へ至る唯一の鍵であると断言できる。

ある意味変格の女優であり、元々がアスリートであったウィリアムズも、生涯4度の結婚をしている。女優である限り、水中レビューのお姫様も、かのイングリッド・バーグマンも、マリリンもオードリーもドヌーヴも、「愛に生きた」ことにかわりはない。6歳下とはいえ、ウィリアムズはついこの間まで生きて91歳で没した（2013年6月6日）。バーグマンは生涯最後の結婚生活が破局する前後から乳がんとの闘病を強いられ、1982年に67歳で没する。

がんという病魔の登場が、バーグマンを演技に集中させたのか

筆者のベストは、圧倒的に『オリエント急行殺人事件』（1974年）での、敬虔なカソリック宣教師（おそらく処女設定）、化粧っけのないグレタ・オルソン役である。バーグマンは、オールスター映画である本作で、当然依頼されるであろう伯爵夫人役のキャスティングを蹴って、自ら「誰？　この地味で暗いおばさん？　ええええええええ！　これイングリッド・バーグマンなのお⁉」という仕事に徹した。

乳がんが発覚した直後の作品であり、筆者は、内なる怪物との葛藤という余剰なく、安心してバーグマンが演技に没頭できた唯一の作品であると信ずるものである。がんという病魔の登場にして、やっと彼女の内部の葛藤（それは、かのイングマール・ベルイマンとの現場でさえ収まらなかった）を鎮めることになった、という筆者の見立てが、不謹慎もしくは不適切と思われる読者は、彼女の全作品、並びに『イングリッド・バーグマン〜愛に生きた女優〜』というミッシングリンクまでをご覧いただいてからご意見を頂戴したい。

（北欧カルチャーマガジン「Fika」より加筆・修正
https://fika.cinra.net/article/201811-kikuchinaruyoshi　編集・川浦慧）

知られざるカール・テオドア・ドライヤー

同じ北欧人であるイングマール・ベルイマンと、カール・テオドア・ドライヤーの共通性と相反性

極めて単純な比較として、〈北欧の名匠〉カール・テオドア・ドライヤーは〈北欧の名匠〉イングマール・ベルイマンよりも20年ほど早く生まれ（19世紀に生まれている）、ベルイマンより40年近く早く没し、第二次世界大戦直後は、若きベルイマンは胎動期だったのに対し、ドライヤーは既に晩年であって、つまりはロベルト・ロッセリーニとフェデリコ・フェリーニよりも、木下惠介と大島渚と同程度には1世代差なのだが、木目の荒い一般性の中では、漠然と同地帯の同世代の監督とイメージされ易いのではないかと思う。

特に、ベルイマンのスウェディッシュと、ドライヤーのデニッシュが、少なくとも作品の中から鮮やかに立ち昇る、と云う事は、余りないのではないか？　日韓の文化風俗の違いを、多

くの合衆国人が在って無きものぐらいに考えているとする。それはまあ仕方がない。しかし、その差異を改めて鮮烈に刻み込むのが映画監督職務の一つ、と考えるのは何らかの過剰な期待もしくは越権だろうか？

二人とも、少なくとも「代表作」と呼ばれるものが、北欧におけるプロテスタンティズム（※追記）に対する懐疑と、逃れられない神の拘束力、悲劇に際する神の沈黙や、近世から台頭する科学主義とのコンフリクト、人間が作った宗教という難物を、人間がきちんと駆動できているか？といった、現世的でも神学的でもある難問を題材にしており、こうした「オブセッショナルな作品テーマの相同性」が、気候風土の類似という地域性と並ぶ、「映画における北欧液状化」の根拠の第一となる。

ただ、ベルイマンは中世まで遡られる名家の出で、父親が、表向きは大変立派な牧師だが、家庭内では凶悪なDVの徒だったこと。そしてドライヤーは私生児として生まれ、乳児院などの施設を転々とした挙句に養子に取られるが、精神的虐待に近い扱いを受けて青年期に家から飛び出し、実母のあまりに痛ましい人生を自ら突き止めてゆく、という、牽強付会の誹りを承知で敢えて言えば、ベルイマンがルキノ・ヴィスコンティ的であり、ドライヤーが、呑気さや温かみを抜き、貧困や抑圧や被虐を注入したフェデリコ・フェリーニだということになる（年齢差が逆転になるが）。同じイタリア性の中で、プロファイリングだけが残る。

同じ北欧人のベルイマンとドライヤーの共通性と相反性は、こうした関係のあり方に似ていながら、我が国に於ける南欧（イタリアを南欧とするのは些か強引だが）と北欧の理解。と云う点で小さな差がつけられている。日本人は漠然とイタリアとスペインを、つまりセルジオ・レオーネとペドロ・アルモドバルを絶対に液状化しないし、ブラジルとアルゼンチンでさえ（それがフットボールだけの業績だけだとしても）液状化しない。「グラウベル・ローシャ（1938年生まれ。代表作に『アントニオ・ダス・モルテス』〈1969年〉）とエクトール・バベンコ（1946年生まれ。代表作に『蜘蛛女のキス』〈1985年〉）は液状化されてないか？」と言われれば、一瞬ほどの絶句は避けられないかもしれないが。

フィルムの消失、未使用ネガでの再編集など、劣悪な紛い物が出回っていた幻の作品『裁かるるジャンヌ』

そんなドライヤーの長編9作目（下手したら、処女作ぐらいに思っている御仁も少なく無いだろう）にして、傑出した代表作『裁かるるジャンヌ』（1927年）は、ある意味で「幻の作品」である。少なくとも我が国に於いては。それは僅か10余年前、2005年の紀伊国屋書店版のDVD発売まではかなり劣悪な紛い物が上映、販売、レンタルされ続けてきた。発表より、実に78年間に渡る呪いは、映画史上稀にみる禍々しさに彩られている（度重なるプリントの消失や、未使用ネガをかき集めて編集した苦肉の策、それを何とか改良しようとトライ・アンド・エラーを重ねながら世界中にプロダクツとして広まってゆく歴史は、今なら検索1つで詳細を知ることができるだろう。何れにせよ、2005年以降に、DVDで見た観客だけが、この世界映画史のクラシックスの1本に、正しく触れることができた選ばれし者であるという状況はまだ固定されたままだ。この機会に是非一見をお勧めしたい）。

筆者も長きに渡り（というか、今回、本稿のために2005年版を初見するまで）、有名なロベール・ブレッソンの批判、「真実のないとき、観客は虚偽に執着する。ドライヤーの映画の中で、ファルコネッティ嬢がまなざしを天に投げ、観客の涙を強要するあの表現主義的な手法」という、「中身のないクローズアップだけのグロテスクショーだ」と言わんばかりの発言に全面的に賛同していた（ブレッソンは、近親憎悪的な激しい批判の賜物として、自らも1962年に『ジャンヌ・ダルク裁判』を制作している）。

ジャンヌ・ダルク役の主演女優、ルネ・ファルコネッティの、上下三白眼をこれでもかと強調した、ヒステリックでトランシーな涙と絶望、急激に挿入される救済の陶酔、ノーメイク（この作品の登場人物は、全員――あの、異端者アントナン・アルトーを含む――ノーメイクだが）で延々と繰り返されるクローズアップ劇（それは、いきなり屋外に解放される終盤20分ほどまで、拷問のように続く）にすっかり嫌気がさして、どのフィルムセンターでも、余りの苦痛から退出するか、睡眠に逃避し、クライマックスの火刑のシーンまで観たことがなかった。不可能だったのである。「出来なかった」とすべきであろう。

もう、かのアンデルセンやイエンス・ペーター・ヤコブセン（詩人）、セーレン・キェルケゴール（哲学者）やティコ・ブラーエ（「ティコの超新星」の発見者である、高明な天文学者）ら、名だたるデンマーク人もへったくれもない、ドライヤーの恐ろしい画面。リアリズムとも、表現主義とも、或いは象徴主義とすら言えなくもない、忌まわしいまでの「人の顔」という物質感覚に辟易していたのだが、今回、最新技術でデジタルリマスタリング／ノイズキャンセリングしたオリジナルプリント、まるで今年制作されたかの如き、奇妙な瑞々しさで再見（というか、ほとんど初見）した『裁かるるジャンヌ』は、途中退場したり、逃避的な入眠を誘う方向とは、全く別の、喜ばしく、瑞々しい方角から、筆者を改めてもう一度、辟易と苦難のどん底まで落とした。

タカをくくっているとノックアウトされる、残虐描写の容赦なさ

ストーリーはどなたもご存知であろう。百年戦争の最中、神の声を聞いた19歳の少女戦士ジャンヌ・ダルク（教育も受けておらず、文盲である）は、そのカリスマによって兵士を率い、一時的に武勲を上げるが、敵方のイングランドの占領統治府が置かれていた（言うまでもなく、10

0年戦争は英仏戦争である）フランス、ルーアン城内で、異端審問を受ける。

老練な審問員たちは、若きジャンヌ・ダルクを、いとも簡単に「神ではなく、悪魔の声を聞いた」と誘導尋問できると、審問会に取り掛かるが、鋼鉄の意志、というより、あらゆる苦悶によってトランス状態になったジャンヌは、涙を流したり、希望に目を見開いて神の姿や声を捉えながら「何とか失神しないギリギリの線上」で、1時間近い、あの手この手の卑劣な審問（そこには、今見ると笑ってしまうような、グランギニョル的とも言うべきキャンピーな拷問具のプレザンテや、文盲のジャンヌの手を取って、無理やり署名させる等の、バカバカしいまでの局面もありつつ）に抵抗し続け、最終的には火刑に処されるまで抵抗する。

筆者は、前述の通り、この先を見たことがなかった。それは、不勉強の誹りを受けようとも構わない。という程の苦行だったのである。しかし、高画質のオリジナルプリントの迫力によって、トラウマチックにのめり込み、一気にクライマックスに達すると、火刑シーンが訪れる。そしてそれは、「まだ1920年代なんだから、炎と、焼かれるジャンヌのSM的な苦悶の表情のカットバックが1分程度だろ」とタカをくくっていた牧歌的な筆者を、残虐描写の容赦なさによって完膚なきまでにノックアウトしたのである。

ジャンヌは、完全に炭化した焼死体になるまで焼かれ続ける。その映像は、後年、ベトナム戦争に反対の意思を示すために焼身自殺する仏教僧の、有名なニュース画像を先駆けていると明言できる。

筆者は唖然とした。そもそも、ベルイマン諸作、今回再見したドライヤー諸作（『むかしむかし』（1922年）、『怒りの日』（1943年）、『奇跡』（1955年））を通視するに、とても20世紀前半とは思えないような、自然／天然とも言うべきコードレス感（乳首や臀割線などの局所を含む裸体、接吻のかなりエロティックな描き方、残虐描写、等々）に満ちており、いかに合衆国の映画がヘイズコードによって雁字搦めにされており、そこからの（ある意味での、「子供っぽい」）暗喩表現が発達し、やがて「子供っぽさ＝退行の甘さ」がアメリカのエンタメカルチャーの中枢になっていく、というパースペクティヴが鮮明になる程である。欧州、特に北欧映画には、こうした奇妙な自然主義が生きており（本作の脚本は、すべて、実際に残された裁判記録から書き上げられており、冗長性の排除のためのあらゆる工夫が放棄されているかのようである）、あくまで合衆国との対比においては「大人っぽい」という事が出来る。

『裁かるるジャンヌ』はサイレント映画史上の五指に入るという、それまでの世評を納得に変える

それにしてもである、もう1時間近く、精神的拷問を受け続け、それを、特殊な撮影法（カ

メラマンが俳優の足元に穴を掘って、仰角や真正面の極端なクローズアップを撮影）まで駆使した、徹底的な（うんざりするような。ここに、プロテスタンティズムの、肥大した＝サドマゾ的な冗長性が垣間見れる。SM行為ほど冗長なものはない）容赦のなさを観客は見せつけられ、クライマックスでは、最近の合衆国のテレビドラマの特殊メイクのような、炭化した焼死体になるまでの過程をじっくり見せつけられる。そして、その火刑を中心に、様々な大道芸人や見物人、ジャンヌの支持者などによるスペクタキュラが繰り広げられるフィナーレに満ち満ちた、悪夢的かつ野蛮な洗練に彩られた祝祭性は、フェリーニの『8½』（1963年）のエンディングへ、逆位相からの長いエコーを響かせていると言っても良いだろう。

最新版DVDは、本作がサイレント映画史上の五指に入るというそれまでの世評を、「えー、どうなの？」という正直な眉唾感から、「いや、わかった。そうだよ。そうだね」と云ううんざりするような納得に変える。つまり、ブレッソンの批判は、半分は正当性を持っていた、とするに十分である。「中身のないクローズアップだけのグロテスクショー」は、しかし超一流のそれなのである。サイレント映画のクラシックスには、脳内を清浄化させ、3D的な視覚の解放と治癒を促す作品が多く、それは多く、あらゆる前近代がそうであるように、倫理観や社会意識の違いに根ざした、人々の「視線」「動機」のあり方の、桁違いの懐かしさ（もう「懐かしく」も無いような）に起因している。本作は、一方でかなり現代的な病理的刺激（HBOの今年のドラマのようだ）、一方で実際に中世に撮影されたかのような、現代性と完全に切り離された「ドキュメンタリー的だが、全く現実感のない生々しさ」に満ちて、そのフィルム自体の持つ因縁も含め、かなり呪いが芳醇な作品である。

筆者は「ドライヤーで何か一本」と言われたら、『奇跡』を推したい。

そして、ドライヤーの代表作を、ぶっちぎりで本作に固定してしまい、「カール・テオドア・ドライヤー＝北欧ルター派というエグさ（※追記）が、絵画的、病的に濃厚な人」というシンプルな記号化に落とし込む事が、どれほどの安易な怠慢であるかを、最短にして最高の形で知る方法がある。

それが『奇跡』を観る事であるのは間違いない。ベルイマンの項でも書いたが（286ページ参照）、本作は、何と驚くべきことに、異形の、しかし明らかなコメディーである。しかも、1955年、合衆国が現在の「アメリカ」に生まれ変わり、ピークを迎えていた時代のTVドラマ、特にコメディ・ホームドラマの影響下にある。

少なくとも、セットの組み方、画角の決定、キャメラの移動に関しては、『奥さまは魔女』（1964年－1972年）だの『じゃじゃ馬億万長者』（1962年－1971年）と変わらない。そしてそのストーリーは、農場主である反ルター派（つまり、その地区では異端者）である家父長と、女神であり母性である長男の嫁（妊婦）、無神論者の長男、神学とキェルケゴールの勉強のしすぎで、自分を現代のキリストだと信じ込んでいる発狂した次男、宗派の違いから恋人との結婚が果たせないでいるイケメンの三男からなる宗教ホームコメディーで、手慣れた神学論争を、アメリカのTVドラマの構図で綴っていくと云うスーパーストレンジな作品であり（何せ、発狂した次男と、天使である末娘によって死から復活するのは、マリアの方なのである）、その、異様なまでのユーモアと宗教的感動の融合は、再見の機会の少なさによって価値が何十倍化している。ヴェネツィアで金獅子賞を受賞しているが、日本では研究家以外は観る事もない。どの角度から見ても、ベルイマンには到底達する事のできない地点に屹立している。

過去の研究家は口を揃えていう、ドライヤーは多様性の作家であったと。79年の人生で長編が14作というのは、寡作ギリギリの数と言って良いだろう。しかし、『裁かるるジャンヌ』の強烈さ（ゴダールの啓蒙も大いに加担していると思うが）に持っていかれ、ましてや最新プリントの迫力に圧倒されて、ドライヤーに対する思考を止めてしまってはいけない。ほぼ全作を見る事ができる、コンテンツ&コンプリートの時代に於いて、局所はもう1箇所あるのである。

ドライヤーはその後、最後の長編である（これまた全く毛色の違う）『ゲアトルーズ』（1964年）を9年後に発表し、更に4年後に没する。あえて極言すれば、だが、筆者は「ドライヤーで何か一本」と言われたら、『裁かるるジャンヌ』でも『吸血鬼』（1932年）でもなく、『奇跡』

を推したい。ここに見られる、異様で、永遠に新しいユーモアが、神学議論を下敷きに発生しているという事は、まさに奇跡的とも、当たり前に北欧的とも言える。

（北欧カルチャーマガジン「Fika」より加筆・修正
https://fika.cinra.net/article/201903-kikuchinaruyoshi 編集・川浦慧）

追記　スウェーデン、デンマーク両国とも国教はプロテスタントのルター派である（極めて私事だが、筆者は、デンマークのコペンハーゲンでも、スウェーデンのストックホルムでも、カソリックの友人と、「カソリックの教会はないか？」と聞いたところ、ほとんど嘲笑に近い激しい笑いとともに「あんな、時代錯誤のお化け屋敷に何しにゆくんだ？（笑）」ぐらいの扱いを受けたことがあった）。現在のスウェーデンは、あらゆる宗教の自由が許されるという表向きの顔と、スウェーデン国教会が頂く、ルター派の強権が失墜してきたという裏の状況の二枚舌であり、一方デンマークは、異教徒の国内流入を防ぐため、移民の締め付けが極めて厳しく、また、イスラム系の移民にも、プロテスタントの祭り事（クリスマスやイースターなど）を行うことを義務付けるなど、現在における宗教事情はかなり違うものの、2人の作品が扱う時代は、いずれもルター派の教会権威が健在であり、その内部から分離独立し、やがて教会権威を脅かす存在となってゆく医学・科学などの近代性をも、まだ教会権威に服従的であった（その事がネタになっている作品も多々ある）牧歌的な時期に当たるものが多い。第4章にある、陽性のスウェディッシュ、リューベン・オストルンドの愛すべき強弁をご参照頂きたい。仏教徒が、仏教から離れたくて、いかに自分が仏教的でないか強弁するタイ映画、といったものが存在するだろうか？　神道は？　ヒンドゥー教は？　キリスト教とユダヤ教は、激しい自己否定をデフォルトにした2大宗教だと言えよう。でないと『アンチクライシス』（2009年）等と云う、吐き気を催させるだけしか映画的効果がない珍品が、僅か10年前にまで制作される筈がない。そして言うまでもなく、絵に描いたように鬱病をこじらせた厄介な患者であるラース・フォン・トリアーはデニッシュである。

ベルイマン中期の異形の喜劇
『魔術師』が抱く「盤石の煩悶感」

　ベルイマンやタルコフスキー、ソクーロフ、ボー・ウィデルベルイといった「北緯59度線以北」の監督達や、喜劇や陽気な作品をつくらないか、或いはつくれないぐらいに、そして音楽家（アルヴォ・ペルト、エドゥアルド・トゥビン、ウルマス・シサスク等）達はポルカやコミカルな音楽どころか、長調の曲すら手をつけない、とイメージされているのではないでしょうか？

　最近では『フレンチアルプスで起きたこと』『ザ・スクエア　思いやりの聖域』のリューベン・オストルンド（44）のように、北欧式モンティ・パイソンとも呼べるほどの、とてもブラックで痛快かつ、知的で重厚な喜劇を作る監督も出てきましたが（対談してみたら、元アルペンスキーヤーで、気を遣ってか、僕の作品をアップルミュージックで揃えていたり、喋り出すと止まらない陽気なスポーツマンタイプでびっくりしました）、そういった現代的な才能も現れているとはいえ、まだまだ20世紀の呪縛はきつく、我々は、〈イングマール・ベルイマンともあろう方が、喜劇（しかも、かなりふざけた）など作るわけがない〉と思い込んでいます。

　ましてや本作『魔術師』は、ベルイマンの生涯フィルモグラフィーの中でも、最もシリアスで重厚な、テーマ的には「神の沈黙」なんていう神学議論の最大難問のような事を、しかもガッツリやっている中期前半の、いわば全盛期に制作されており、前年があの『野いちご』と『第七の封印』、翌々年にあの『処女の泉』という、もう、将棋の穴熊みたいな感じで、世界映画史上最強のインフルエンサーとして、深遠で演劇的かつ、北欧の中世絵画的でもエコロジカルでもある画面構築から、神学的、哲学的テーマ性を引き出し、イメージを決定的にフィクスした時期です。

　とまれ、こうした現象はよくある事で、強烈に偏ったイメージ形成による抑圧は、反作用的に、逆走するかのような作品を、敢えて言えば発作的に生み出してしまうもので、例えば、ベルイマン信者の一人であるウディ・アレンにおける『インテリア』（1978年）などは、本作と完全にシンメトリーを描いていると言えるでしょう。洒脱な都会派喜劇を作っていたアレンが、突如放った、姉妹の重い物語『インテリア』は、巷間「ベルイマンの影響を受けている」「アレンのフィルモグラフィの中に発作的に現れたベルイマン作品」などとデフォルトで指摘されますが、それが本作（『魔術師』）とシンメトリックであるとはなかなか指摘されません。『魔術師』は、「ベルイマンのフィルモグラフィーの中に発作的に現れたウディ・アレン作（しかも、しれっと悪ふざけしてるようなタイプ）」と、言い換える事が出来るかも知れません。本作は、あのべルイマン大先生、全盛期の作品だ。と身構えると、どうにも調子が狂ってしまうような喜劇作品です。

テーマだけ抽出するなら、「世界で初めて知性で神を殺し、教会権威の失墜と引き換えに、科学主義をあてがった欧州人の苦悩」といった様なもので、旅芸人である魔術師一行が、勝ち組でこそあれ、新進の勢力だった反教会的な人々（科学者、警察、政治家）の前でパフォーマンスし、それを悪意的に嘲笑されたり、脅威を与えたりする事で、そもそも、宗教自体がインチキな魔術を権威にまで高めたものではないか？という、欧州人、特にクリスチャンの通奏音的な問題意識を、たった一人ででも代表として引き受けますよといったベルイマン（彼は父親が位の高い牧師でありながら、家庭人としては病的なＤＶだったりして、生涯、宗教への敬虔さと不信に引き裂かれました）の、ある種悲壮なまでの決意を感じますが、そもそも孤独で悲壮、というのは概ね滑稽なものです。

厳格な医師の一家の中に、一人だけ不良やロクデナシがいたりするものですが、ああした存在は、フロイドなんかを引っ張り出すまでもなく、ドロップアウトだとか、鬼っ子だとか、ましてや権威に対する反抗だとかではなく、真面目な医師たちである家族全員の、抑圧した欲望を一人で引き受けて実行しているわけです。彼が厳格な家族を壊す可能性もゼロではありませんが、それより遥かに、彼なしでは、厳格な家族は壊れてしまいます。

『魔術師』の、もう笑うしかないマックス・フォン・シドーの、フー・マンチューみたいな珍装（「え？　これ（笑）ヤバくない（笑）笑っていいの？」というぐらい）や珍演（奥さんがモテるのを嫉妬して誰彼構わず殴っちゃう自分をベッドで泣きながら反省したり）に始まり、ベルイマンのミューズである名女優イングリット・チューリンの、「ちょっとこれ、日本の漫画でしょ（笑）笑い堪えるの辛いからヤメて〜（笑）」ぐらいの宝塚みたいな男装の麗人ぶり、同世代人であるフェリーニもかくやといった、上流階級マダムの、グロテスクかつエロティックな日照りっぷりとか、２０１８年の目で見ても、ハリウッド映画のビッチみたいにメチャクチャにキュートなビビ・アンデションのコメディエンヌぶり、等々、もうこれ、ギリギリの境界線的な作品なんじゃなくて、完全にコメディでしょ。と考えてしまうのが、一番楽といえば楽です。

とはいえ、楽ならそれで良いというわけではありません。楽あれば苦あり、本作は、「ああ、もうベルイマン、例外作として完全に振り切ったな。わはははははは」と、安心させてはくれません。テーマがテーマですし、怖いシーンも、重いシーンもあるにはあり、そもそも画面も語り口もいつも通りですから「え？　これ、笑うとこだよね？　笑っていいんだよね？　え？　どっち？　面白いんだけど……でもベルイマンだし」といった、煩悶的な時間が続きます。

この、おしっこを我慢させられているような、眉間にしわが寄り続けるような、煩悶の快感こそが、本作の実質の全てです。ベルイマンの長い人生中唯一の、異形の喜劇としてご覧いただくのが……などと書いてしまうと「そっか、喜劇か」と、煩悶の度合いが薄れてしまうのではないか？　ご安心あれ。あらゆる宙吊りのギリギリ感は、おそらく狙ったものではなく、ベルイマンは普通に諧謔的な喜劇を作ったつもりが、身に染み付いた、北緯59度線以北のシリアスリーとコンフリクトして、奇跡的におかしなことになってしまっているのです。真面目で怖い先生が、年に一度だけ授業で冗談を言ったら、クラスは先ず凍りつくでしょう？　シェイクスピアの悲劇と喜劇、というような軽やかで体質的な打ち分けが、ベルイマンには出来なかった。とするか、日本映画界の文化輸入が硬化した権威をベルイマンに与え過ぎてしまった。とするか。ゴダールの『ウイークエンド』（１９６７年）なんかに近い、「盤石の煩悶感」を、この機会にご堪能ください。

（『ベルイマン生誕１００年映画祭』劇場用パンフレットを加筆・修正）

あとがき／暗闇の中での経験を批評する。と言う事

リアルサウンド映画部、特に本書の編集担当者であるblueprintの松田広宣氏、素晴らしい校閲で、本書をワンランク上に押し上げて下さった春日洋一郎氏、CINRA.NET、各映画宣伝配給セクション、前著（『菊地成孔の欧米休憩タイム』）を購入頂いた全てのカスタマー諸氏、俎上にあげた、生死を問わず、全ての映画作家、そのチームに感謝します。

映画を批評する、と言う行為は、スポーツを批評したり、料理を批評したり、音楽を批評したりする行為と比べて、遥かに、暗闇の中で経験することを批評することである。ここに、微弱な通奏低音としての後ろめたさがある事は映画批評に必須である。私はこの、暗闇による後ろめたさが全く感じられない映画批評は映画批評として認めない（暗い気持ちで映画を批評せよと言っている訳が無い）。現在の多くの映画批評は、新種の、あらゆる明るみの中で行われている。前著で宣言した通り、私は幸福な観客ではないが、さほど幸福な批評家でもない事を、ここに追加させて頂きたい。

本の執筆は当然ながら時間がかかる上に、次著の予定は見えていないことが多い。執筆中に鑑賞し、感動した作品について、滑り込みで触れる事をあとがきに変えさせて頂きたい。最初は書き下ろしである。

『エイス・グレード　世界でいちばんクールな私へ』（２０１８年）

劇中、本当に素晴らしいアンナ・メレディスのサウンドトラックは、オモチャっぽい、毒々しい色彩のエレクトロサウンドを響かせ続ける。それは一聴だに、合衆国民を肥満に追いやる中毒性の高い毒物としての、キャンディーやガムボールやジェリービーンズ、フレーバリーポップコーンやアイスクリーム等々の駄菓子を連想させるだろう。

しかし、アコースティックとエレクトロニクス双方の演奏者として世界初のビートボクサーと交響楽団との協奏曲を作曲し、ＢＢＣスコティッシュ交響楽団のコンポーザー・イン・レジデンツを務め、妹でありイラストレーターであるエレノアと共にモダンアート寄りの活動で高い評価を受けている彼女の、〈母性に満ちた〉としか言いようがない、丁寧で暖かく、包容力に満ちた筆致は、見た目（音色）だけはガジェットに擬態した、その実、安全で栄養価の高い、つまり学童が安心して口に入れられる、菓子である。そのことが、開始から僅か10分ほどで我々を本作の存在意義に向け、シームレスに導引する。

『エイス・グレード』は、逐語訳すれば「8年生」である。合衆国は6・3・3制ではないので、日本的に意訳すれば「中学二年」になるが、何にせよ、「SNSに雁字搦めになっている中学生の成長譚を、ユーチューバー上がりの若い監督が撮った」作品、と聞いて、どれだけ痛みを伴う作品になるのか、嫌な予感が払拭できないまま鑑賞したが、予測を裏切って吃驚させることこそがユーチューバーの職業的体質なのだとしたら、大歓迎としか言いようがない。

ひょっとしたら「現代っ子の成長譚」映画として、史上のベストに値するかもしれない本作は、特に新しいことは何も描いていない。主人公の少女は、合衆国の平均的な白人の学童で、元々は可愛いのに、小児性の肥満と、顔面を覆うニキビに激しい劣等コンプレックスを抱いており、自分がいかにクールであるかを示すため、YouTubeにチャンネルを開設し、毎日自分の番組（それは「クールな態度で、クールな一言をウィズダムする」と云う、微笑ましいものだ）をアップするが、再生数は全く上がらない。

本当に素晴らしいエルシー・フィッシャーが演じるケイラは、本当に素晴らしいジョシュ・ハミルトンが演じるシングル・ファーザーであるマークと2人暮らし。脚本のセッティングは家庭的ハンディキャップと愛情飢餓の設定を合衆国の平均値以上でも以下でもない、つまりは何でもない位置に置く。93分間の劇中、頼りない存在かも知れないままの父親は、85分目ぐらいまで、ケイラがいくつかの恋、激しい不安定さの中で赴かなければいけない、金持ちで美人の友人が主催する、自宅プールでのビキニパーティー、天使的な先輩（中学生）による導き、ちょっとした危険とその回避、慢性的な不安と悲しみ、と云った、ありきたりな通過儀礼を経ている間は、頼りなく、危なっかしいままである。

しかし、「アメリカ映画」のライトモチーフとも言える「ラスト、焚き火の前での、数分の会話」によって、彼が、見た目や行動から見て取れる頼りなさに内在する、力強い、本当の父性愛を全開にし、劇中初めての、父娘の本当のハグが交わされるまで、本作には悪人が一人も出てこない（ケイラの、命がけの通過儀礼であるビキニパーティーには、あらゆる人種が集まり、さながら集合無意識的な温泉のようであり、結果として恐ろしいことは一切起こらないどころか、ケイラの醜形コンプレックスを解消させる。「プール付きの邸宅に住む金持ちで美人の友人」と云う悪役のクリシェまでをも、彼女の母親の金満家的リベラリズムを経路に、多様性と母性に変換させている。この見事な反転）。

こうした、波も涙も暖かい、アメリカン・オプティミズムと云う古典的な手法はしかし、その実はっきりと挑戦的である。その挑戦とは、「テクノロジー（ここではインターネット〜SNS）が人心、特に学童のそれを蝕むかどうか？」と云う、退っ引きならない問いである。

本邦の映画が、リヴェンジポルノだの虐めLINEだのの表現にうつつを抜かし、鬱々とすることで瘡蓋を剥くと云う陳腐で貧弱なマゾヒズムに拘泥している隙に、本邦よりも生きることが苛烈である合衆国は、常に古くて新しい問題系に対して、はっきりと、愛のグレードの方が、テクノロジーのグレードよりも遥かに上位にあると云う結論を打ち出す。

「授業に〈テロリストや通り魔からの避難法〉が組み込まれているような国で、どれだけ子供達がSNSによって蝕まれ、傷ついているか？」と云う、絶望的な映画かも知れない、と云うミスリードに対する、単なる逆張りでも、どんでん返しでもない、堂々とした回答を、若干28歳の、ユーチューバー上がりのボー・バーナムは映画監督デビュー作で見事に提出している。キラキラでピカピカでどぎつい色彩の駄菓子に模した、豊かで暖かい音楽に彩られた「在り来たりな少女の成長譚」を、あらゆる人種の、あらゆる世代の、あらゆる立場の人々に強く推薦したい。

次に、著者が「HILS LIFE」に連載している「次の東京オリンピックが来てしまう前に」からの一部抜粋である。少々の修正を施している。

『ジョーカー』（2019年）

昨日『ジョーカー』と言う映画を観たが、痛快この上ない、クリストファー・ノーランの暗い世界観なんかクソ食らえの、明るく楽しい作品で、何せ、ものすげー金をかけて、筆者が一番好きだった75〜79年ぐらいの（ビーム市長時代からコッチ市長時代初期にかけて。後のディンキンズ市長時代の浄化政策によって今に至る）、一番汚くて危険なニューヨークがほぼほぼ街ごと再現されていたのがヤバすぎたし、やっとホアキンをハラハラしないで安心して観れるのも良かったし、何せ見事なまでの『タクシードライバー』換骨奪胎ぶりは誰にだって分かるチャームで、ホアキン演じるアーサー（のちにジョーカーになる男）がトラヴィスの顔に似てくるあたりは、さすがデニーロを迎えただけあって、「Wデニーロメソッド」と言う感じでシンクロが実に力強い。現実の76年にトラヴィスが少女買春斡旋をしているピンプとその一派を撃つ銃と、再現された76年（ぐらい）にアーサーが、偽善と正しいマッチョに満ちた司会者（デニーロ演）を射殺する銃は口径が同じである。

何せ、この作品は「笑うこと」に関して、ネット活動をこじらせて、3次元で笑うとき、話の流れと関係ない、あるいはねじれた関係（主に、退行的な自閉によって、相手が話しているときに、何かの考えに取り憑かれて、それに笑ってしまう。と云った）によって生じる、他嘲笑、自嘲笑、ヒステリックな発作笑、等々、「気持ちの悪い笑い＝異常な笑い」しかできない、弱コミュニケーション障害患者（性別問わず）の急増によって、彼ら（性別問わず）が、77年当時のボンクラたちがトラヴィスにこぞって移入したように、前半では、「キモい」アーサー（の笑い方）に局所集中させておいて、最後の最後に、アーサーの引きつった笑いが、養子縁組による血の繋がっていない母親からの激しい虐待によって受けた、頭骨や脳膜に対する打撲による、脳の損傷、つまり、ニューロティックなコミュ障ではなく、外傷性のものであった事を明示し、あれよあれよと云う間にアーサーがカリスマ性を得て、哀れなキモいやつで無く堂々とした悪い奴になってゆく、その過程に、中型のトラップを仕込んでいる点が素晴らしい。ニューロティックは基本的に自己拘束的であり、覚醒できない。カリスマを得るのは覚醒者＝狂人なのである。

アーサーは、トラウマの忘却者＝ニューロティックとして始まり、その言語化（物凄い行動力による、正しい自己分析）によってどんどん精神的に健康になり、「この世界」からの、武具（銃）の獲得も相まって、猛スピードで精神病に至る。と云う意味で、合衆国のフロイディズム使用が、もはや臨床治療にはなく、主に映画の脚本、登場人物の人格設定用に稼働していると云う筆者の持論をエゲツなく見せてくれた。DCGJ。

（WEBサイト「HILLS LIFE DAILY」より一部抜粋
https://hillslife.jp/culture/2019/12/19/city-of-amorphous-32/）

最後に、著者が開設している有料コンテンツ（ブロマガ）から、日記の全文を引用するが、説明を要する。著者がスタッフとして同行したのは、著者が25年前に立ち上げ、一昨年に活動を再開する際に、BOSS THE NK（男性。文中では「BOSS君」）とOD（女性）と云う二人に移譲した「ファイナルスパンクハッピー」と云うバンドのツアー中の、仙台ライブの事で、彼らはライブ中に衣装替えを3回行う。

〈菊地成孔の日記　令和元年12月16日午前1時記す〉

マニアの方ならどなたも、皆まで言うなと仰ると思います。今日僕は仙台まで彼らの着付けの手伝い（本当に、パリコレみたいに大変なんで）にスタッフとして同行したのですが、僕がBOSS君に、僕の帽子やサングラスを貸し、それをODに着けさせているのは、ご存知の通り、ゴダールの真似です。もっと正確にいうと、ゴダールがジーン・セバーグとアンナ・カリーナにやった事の真似です。

気がつかない方は一生気がつかないと思います。厳密にいうと、彼らはぱっと見気がつかれないようにしていました。ルック1でBOSS君が着用していたものをルック2でODが着用したら、それがゴダールの真似かどうかは別として、ストレートパスはほとんどの方に見えてしまいます。

しかし今日は、本当にこれは偶然に、ですが、彼等が被りやストレートパスを避け、厳密にプランニングしている（であろう）ツアーでの衣装のローテーションで、上記の事態が、つまり、ルック1でBOSS君が被っていた僕の毛皮の帽子（これは、DC/PRGのライブで僕が00年代初期から着用しているものです）を、ODがルック2に着替えると、そのまま被っている（ストレートパス）。という事が起きました。

まあ、別に、そんなに神経質にならなくてもな。分かったら分かったで面白いじゃないか。という感じだったんだと思います。男性の着用物を女性に着用させる。という事の意義、なんて論じたら大変でしょう。多義的な解釈がこの多様性の社会で、という奴です。

ですが、僕にとってそれは、フェミニズムも、映画監督と女優という構造も、ユニセックスの意味も、支配要求とマゾヒズムも、何もかも関係なく、単にゴダールがアンナ・カリーナにやった事の真似をしているだけです。僕は、真似が好きです。いろんな事の真似をして生きているから、僕の真似をする人も多い。真似の連鎖ですね。

仙台のライブは素晴らしいものでした。彼らは現在、万事快調と言えるでしょう。僕はBOSS君が羨ましい。僕もODを共有したいなあ。と思いながら、彼らの着替えを手伝っていました。何せ、サイン会もやって、ルック3つずつをスーツケースに畳んで、最終の新幹線で帰らなければいけない。

ライブが無事終わり、さあ、サイン会だ。という流れの中で、マネージャーが僕にスマホを差し出しました（これは、大変に珍しい事です）、そこには、アンナ・カリーナの訃報がヤフーニュースのトップにありました。79歳の女性、死因はガン。誤解を恐れずに言えば、余りに在り来たりな大往生と言えるでしょう。コペンハーゲン生まれのフランス人、芸名を付けたのはココ・シャネルです。本名は、僕も発音できません。誰も発音できなかったら良いのに。

ゴダールは、アンナ・カリーナと別れ、アンヌ・ヴィアゼムスキーと結婚し、別れ、アンヌ＝マリー・ミエヴィルとの長い事実婚を続けています。カリーナと共同で立ち上げた映画製作会社の名前は「アヌーシュカ・フィルム」です。「アヌーシュカ」は、「アンヌ（アンナ）の、ロシア風の、子供っぽい愛称です（美智子さまを「ミコりんスキー」と呼ぶようなものです）。ずうっとアンヌやアンナを追っているわけです。ホン・サンスの名作『3人のアンヌ』（2012年）は、このことを指しています（きっと。主演はイザベル・ユペールだけど）。

これで、非常に美しい、非常に硬い、非常に悲しい、非常に懐かしい、そして再び、非常に美しい、最後まで生き残ったヌーヴェルバーグ・トリコロールの1色が消え、ゴダールはとうとう、ミッシェル・ルグランも、アンナ・カリーナもいないモノクロームの世界に取り残されてしまった。もともと孤独な人間でしたが、今夜、きっとゴダールも、本当の孤独に触れたと思います。89歳にして。

カリーナは、ルグランが1月に死んだ同じ年の12月に亡くなった。と後の世は伝えるかもしれません。僕個人は、ここ最近、遺言の連作みたいな事になっているゴダールが、来年から「90代ゴダール」として、突然にして恋の話とかを作り出すことを期待しています。何せ、ルグランの音楽も、カリーナの映像も、ゴダールは使い放題なのだから。

カリーナの死を、沢山の人々が悼むでしょう。色々な立場と、色々な角度と、色々な気持ちで。僕にとってカリーナは、「ゴダールの帽子を被り、ゴダールのサングラスをかけ、ゴダールの健気なまでの女性崇拝と憎悪を、世界で一番幸福に表現した女優」として悼む事しか出来ません。大切なのは、頭部のサイズに男女差がない事です(個人差はありますが)。僕はミソジーヌにしか表現できないフェミニズムがあることを、ほぼほぼ中学生ぐらいから、ゴダールを通じて知っていました。

帰りの新幹線では、BOSS君もODも牛タン弁当を貪って上機嫌でした。僕は、憧れるものの真似をして、それが似ているように見えないようにしている自分について考えながら、気がつくと眠っていました。アンナ・カリーナ氏のご冥福を心からお祈り申し上げます。

訃報で後書きを締めるのも陰気ではあるので、最後に第三章にある「コメント芸」の、最新のものを引用し、再コメントする。

『パラサイト 半地下の家族』（2019年）

観たもの全てが言うだろう。『US』との、『万引き家族』との共振を。映画愛好家は、空＝宇宙＝天空に飽きたのである。笑いと恐怖と悲しみは、垂直関係にあるのだ。間違いようもないポン・ジュノの最高傑作。（菊地成孔　音楽家／文筆家／映画批評）

←

「空＝宇宙＝天空」だって垂直関係だろ?と云う指摘には甘んじて受け入れるしかない。正しくは「笑いと恐怖と悲しみは、〈地表から地下への〉垂直関係にあるのだ」である。

本作はタイトルにもあるように、ソウル市内、一種のゲトーである地区の、半地下に世帯を構える貧困層家族と、日本だと神戸の芦屋にも似た、高台の富裕層家族との話なのだが、何せ試写用、劇場用共に、パンフレットの最初のページに、ポン・ジュノ本人から「絶対にネタバレさせないでくれ」と云う旨、熱烈な箝口令が敷かれていて、このようなコメント1つにも、ネタバレ要素が含まれてはいけない、と自主規制したのである。類例に出した2作と「地上から地下への」が組み合わさるとネタバレに抵触し、ポン・ジュノに激昂されてしまうだろう（大韓民国人は日本人と比べると、激昂する率が高いので。なにせ、まだ憤死のある国なのであるからして↓ライトなヘイトスピーチではない）。

最近、増加傾向にあるパンフレットへの「著名人によるコメント」だが、本作も多数あり、しかしコメンテーター全員に箝口令が敷かれているので、勢い「絶対に観るべき」とか「圧倒された」とか系のコメントばかりになってしまったのは致し方ない。もっとも、箝口令がなくとも、ほとんどの映画の、ほとんどの「著名人コメント」は「圧倒された」「絶対に観るべき」系ではあるけれども。クレームではなく、素朴な疑問なのだが、「胸がドキドキしました！」とかと同じ枠で良いのか？（↓ライトなヘイトスピーチである）

いずれにせよ、本作の現代性＝同時代性は素晴らしく、それが（ポン・ジュノの他作のように）狙って出たものでないところが二重に素晴らしい。とにかく、ここ数十年で映画は、空を飛ぶ＝重力からの脱却＝現実からの自由と解放、に拘泥し過ぎたように思う。

＊

他にも、アラン・ロブ＝グリエ回顧上映や『ボヘミアン・ラプソディ』、『サスペリア』（2018年）等々、語るべき作品はいくつかあったが（忘却すべき作品もいくつかあった）、次の機会があったら、と云う事にさせて頂く。最後の最後に、著者はこの数年で、アニメ映画の劇伴音楽を1作、実写映画の劇伴音楽を2作、テレビアニメの劇伴音楽を2作、助演で俳優として1作、本人役のカメオで1作、出演までしているのだが、作品の出来という意味で、所謂「良い思いをした」のは、アニメーション作品だけである（本書が発売される頃に放送開始となるテレビドラマも1作待機しているが、未見なので判断できない）。積年に渡り、様々な先入観によって、アニメーション作品に対する不当なバイアスが己にかかっていた事に関し、この場を借りて、全アニメ関係者、アニメファンの皆様に陳謝させて頂きたい。いやあなんか、凄そうだな。とは思ってはいたんですけどね。ごめんなさい。

最後に挿入的追記を。以下は、著者のブログマガジン（課金制）で連載しているブログに対する、読者からのコメントに対し、著者が回答したものである。タイミング的にあとがき脱稿後の号であり、滑り込み、というより、無理矢理ねじ込んだ、というのが正しい。著者のファン向けコンテンツなので、一般的には注釈の必要性が高い内容だが、敢えて一切の注釈を入れずに掲載させて頂くのは、本書の掉尾を飾るに相応しい内容だと信ずるからである。

以下の回答に対する問い（コメント）は、町山智浩氏がTwitterでの炎上中毒の様相を呈している状況（2019年12月現在）に対し、著者が「Twitterを止めるのが良い。東浩紀氏は止めて賢明だ（大意）」と書いたことに対する「（論敵であった）町山氏への温かい言葉に感動しました（大意）」というものと、「次の映画批評本が出るなら、『アス』に対する批評が読みたいのだが、収録されているか？（大意）」というものだ。

＊

『アス』に関しては、「がっつり」はやってないですが、ちょいと書いています。あれは、ちょうど良い湯加減で伏線が回収され切れていない、という不条理コントギリギリの完成度が素晴らしい。今は、伏線は見事にがっつり回収されるのが当たり前、というか、回収されないと批判を受けるような（勿論、映画にそんなコードはありません）状況ですので。

町山保安官に対しては、別にそんなに優しいわけではなくて（笑）、Twitterに中毒症状が出てしまっているみたいなんで、やめたほうが良いなと思うばかりですよ。著名人がSNSやって中毒症状（「依存」ではなく、「中毒」ね。アルコール依存症者とアルコール中毒患者には大きな違いがありますす）を出さずにいられるというのは、かなりの知性と身体の頑健さが必要です。

保安官はもともと知性的ではなく、熱血と心意気が売りの侠気の人じゃないですか、良い意味でバカですよね。そこに可愛げと、何より頼り甲斐があった。Twitterで論戦すると、バカがバレますし、バレたバカを取り返そうとすると依存が始まり、やがて中毒症状が出ます。依存から中毒へ。という過程だけ採れば酒と一緒です。天才である大赤塚の命も、大吾妻の命も、大中島の命も酒が奪ったんですよ。大手塚や大蓮實でいられるのは難しい。中毒にならない、あるいは中毒になっても大丈夫な依存物質との共生する知力と体力が必要です。

ＳＮＳの中毒で命を落とすクリエーターは、僕が知らないだけでもう出ているかもしれないし、必ず出ます。アナロジーとしての死ならば、中町山はもう死んじゃったのかもしれない。保安官は真面目だから、勉学を知性と思っています。僕は高卒で、勉学はしていません。その程度でも、「HILLS LIFE」の連載ぐらいにとどめておけば良いの。有識者とタイマンになって、それが公開されるＳＮＳは単純に複層的で爆発的な公開処刑の属性を持っているから危険物すぎる。その程度の知性は僕みたいなケンカに悪知恵の利く小悪童にも宿ります。

追記ですが、大蓮實は明らかにギュスターヴ・フローベールの中毒患者と言う事も出来ます。ですがどうですかあの矍鑠たる健康体。フランスはアル中（そのほとんどがワイン中毒ですが）大国です。彼の国には依存性と中毒性の塊みたいなところがある。その中でも、フローベールという猛毒を選択し、自身の体躯にあった共生をしている姿には本当に頭が下がります。

以下、次の本にも書き切れない事なんで、ここに書きますんで、シネフィルの皆さんは必ず読んでください。

僕は蓮實先生と、公開という形の対談は1回だけ行っています（『ユングのサウンドトラック』収録）。その際、僕のライフワークでもある、視聴覚の齟齬と愛に関する話題がほんの一瞬だけ出ました。それは極めて大雑把にいうと、「映像と音声のシンクロがずれているのは美しい」という事です。

その際、ノーモーションで（つまり、話が振られて瞬間にもう回答した。という意味ですが）先生がおっしゃったのが、日本のドキュメンタリー作家、土本典昭監督の『水俣　患者さんとその世界』（１９７１年／以下『水俣』）でした。これがシンクずれ作品の中で一番美しいと即答されたんです。

僕もこの作品は観ていたので、その場では大いに納得し、後にYouTubeで検索して改めて観直しました。アップされていたのはダイジェストで、ものの数分でしたが、それは惚れ惚れするようなズレで、「流石は大蓮實」と大いに納得し、ＤＶＤを購入しました。

しかし、これだけだったら、単なる普通の慧眼に過ぎない。とは気が付きませんでした。その時には。

ですので、凡才である小菊地は、芸大等のアカデミックな講義の際に、この映像を教材として使い倒しました。「録音（マイク）と録画（キャメラ）のシンクロが、貧困によって成し得なかったのだ。これこそ、プロレタリアートのメタレベルである。或いは、プロレタリアートという形式自体にそうした属性が予め含有されていたのかも知れない」という程度の認識でした。

先日、ENBUゼミナールという『カメラを止めるな！』（2017年）の制作陣を生み出した専門学校で映画に関する講義をしました。当然そこには『水俣』が教材として使われます。「このシンクのズレは異様に美しい」という程度の解説で。

そうしたら、講義に興味を持たれた生徒さんのお一人が、古本屋で土本監督のインタビューが載った古書を見つけたんです。

そこには驚愕の事実が記されていました。

『水俣』は、同時に録音、録画された映像と音声が、シンクロできなかった、というリージョンではなく、そもそも、録画に併せて、それらしいインタビューを別個に録音し、それを重ねたのでズレているのでした。逆パターン、つまり、録音したインタビューに合わせて、それらしいインタビューカットを別撮りする、という事もあったそうです。

貧困は、僕が想像していた「同録の両者をシンクロできない」というリージョンをはるかに超えて「そもそも同録はできなかった」んです。理由は、当時の安価のカメラの音の駆動音が大きすぎ、同録してもそのノイズが入るので、別々に撮るしかなかった。それを、後で、「あたかも同録したような態で」重ねたんですね。ここでは原理的にシンクロは不可能です。

土本監督は、第一には「これは日本でしか、行われない手法だ」と言っていますが、おそらく「我々のチームでしかやっていない」が正しいでしょう。そして第二には「この手法によってしか得られない、独特のリアリズムがある」と言っています。

マニアの方ならもうお分かりだと思います。僕が『デギュスタシオン・ア・ジャズ』でやろうとした事の、ほぼそのものです。僕の方は貧困ではなく、当時最新のテクノロジーだったコンピューターソフトを使ってのことなので、プロレタリアートの逆で、一種の貴族主義ですが。僕の最初のソロアルバムである『デギュスタシオン・ア・ジャズ』は2004年、『水俣』は1971年の作品です。目から鱗以外、何が落ちようというのでしょうか。

大蓮實が、この事実をあらかじめ知っており、他のドキュメンタリー作家（例えば、フレデリック・ワイズマン）や、敢えてシンクを外した劇映画の作家（例えば熊井啓）等の作品と比べた上で、持論としてずっと『水俣』を最上としていた。とは、とても考えられません。

観える人には観えるんです。蓮實先生の有名な発言に「行間には何も書いてありません」というものがあります。『水俣』の画像と音声は、行間にあるブラインド情報ではありません。開示情報です。表層を徹底的に観て、感じる動体視力というのは、これのことだ。と令和元年に芯から思い知った僕はそこそこ幸福な悪童だと思います。

２０１９年　12月18日　午前11時07分

それでも「アナ雪」はどうしても無理（1も2も）。

喫煙は電子タバコで、全機種を試した結果「glo」に落ち着いた。

脱稿後にはこの小さな悪癖も失われるだろう。

菊地成孔

菊地成孔（きくち・なるよし）

音楽家／文筆家／音楽講師。1963年生まれ。1985年にサックス奏者としてプロデビュー。思想の軸足をジャズミュージックに置きながらも、極度にジャンル越境的な活動を展開。演奏と著述はもとより、ラジオ／テレビ番組でのナヴィゲーター、コラムニスト、コメンテーター、選曲家、クラブDJ、映画やテレビドラマの音楽監督、批評家、ファッションブランドとのコラボレーター、ジャーナリスト、作詞家、アレンジャー、プロデューサー、パーティーオーガナイザー等々としても評価が高い。

本書は『リアルサウンド映画部』（https://realsound.jp/movie）での連載「菊地成孔の映画関税撤廃」などに加筆し、再構成したものです。

装丁＝川名 潤
デザイン協力＝勝浦悠介
企画・編集＝blueprint（神谷弘一、松田広宣、安田周平）
編集協力＝春日洋一郎

菊地成孔の映画関税撤廃

2020年2月10日 初版第一刷発行

著者　菊地成孔
発行者　神谷弘一
発行・発売　株式会社blueprint
〒150-0043 東京都渋谷区道玄坂 1-22-7-6F
［編集］TEL 03-6452-5160 FAX 03-6452-5162
印刷・製本　株式会社シナノパブリッシングプレス

ISBN978-4-909852-06-9 C0074